# 元気な日本を創る
# 構造改革

*Nobuo Sasaki*
佐々木信夫



PHPエディターズ・グループ

# 元気な日本を創る構造改革　目次

序章　百三十年前につくられた古いシステムが日本人を苦しめている

## 第5章　東京一極集中をどうする

## 第6章　大阪を副首都にする



## 第7章　大阪万博が日本を変える

## 第8章　危機に打ち克つ地方政治

## 第9章　日本の農業をどうする

序章

# 百三十年前につくられた古いシステムが日本人を苦しめている

## まるで「東京国」と「地方国」に分かれているかのような現実

この国はいつの間にか二つの国に分かれている。

一極集中の止まらない「東京国」と過疎・人口減の進む「地方国」にである。

国土のたった三・六％に過ぎない東京圏（一都三県）に国民の約三分の一に当たる三五〇〇万人が集中し、さらに増え続ける動きにある。

一方で、他の多くの地域は毎年数千、数万人単位で人口が減り、「地方消滅」の危機にさらされている。

国民の生活を支える食料の自給率も四〇％を下回り、先進国で最低水準にある。

農業者の平均年齢も六十五歳を超え、間もなく七十歳になろうとしている。

それを継ぐ農業後継者がおらず、農地は荒れ放題になっている。

分かりやすく言うと、全国三二位の山梨県の面積に相当する耕作放棄地（約四四万ヘクタール）が全国に生まれている。

戦後言われ続けてきた多極分散型の国土形成も、職住近接の地域づくりも、地方分権の推進もいつの間にか旗が降ろされている状態だ。

改革なき政治が続く日本である。この先に何が来るか。

一方で過密の深刻さに苦しみ、他方で過疎の深刻さに悩むこの国だ。

どこか間違っているのではないか。

## 「東京だのみ」をダラダラ続けるばかりの政府

政府は「東京一極集中」が問題だと口では言うが、やっていることは東京減反どころか、未だ東京は日本の機関車だと見立て、様々な特区指定や規制緩和のさらなる推進を図っている。

結果、超高層ビルやタワーマンションが次々に建ち並び、いまやニューヨークのマンハッタンに近い風景に変わりつつある。

人口減、高齢化で国内需要が底を突くと、今度は観光が売りだと外からインバウンド（観光客）を増やそうとする。

外国人観光客が三〇〇〇万人を超えたら、次の目標は五〇〇〇万人だと言う。そんなに増やして大丈夫か。

東京都心部はいまやどこに行っても外国人街のようだ。

暮らしひとつとっても、便利な東京。確かに東京は仕事でも買い物でも便利だし、自販機、駅ナカ、コンビニの装備率は世界一、欲しいものは何でも手に入る。

しかし、どこかそこに空疎な日常がないだろうか。

## 「壮大なサラリーマン国家」に組み込まれる若者たち

内閣府の意識調査（「子ども・若者白書」二〇一四年）では、日本の若者で「つまらない」「やる気が出ない」と感じたことがあったとする者が七七％にも上る。ドイツ、フランスの四四％、アメリカの四九％に比べ異常に高い。

「自分には長所がある」という者は六九％だが、やはりアメリカの九三％、ドイツ九二％、フランス九一％に比べると相当見劣りがする。

「うまくいくかわからないことにも意欲的に取り組む」とする若者は五二％で、他の六カ国の六六～八六％に比べ低い。

「自分自身に満足している」という若者は四六％いる。他国より二五％以上も低い。

こうした調査からしても、どうも日本の若者には「夢」がなく「自信」がなく、「新しいものに挑戦しよう」という意欲がない。そうした姿がクッキリと浮かんでくる。

なぜだろうか？

人生の規格化、正社員中心の労働形態、野放しの東京一極集中といういまの日本の構造は、一九七〇年代から官僚主導で始まったとされる（堺屋太一『団塊の後 三度目の日本』毎日新聞出版、二〇一七年）。

人生の規格化、単線化路線を皆が同じように走る人生。

進学の受験期に偏差値を競い、就職したら金を貯めて結婚し、小さな住宅を買う。

そんな規格化された生き方を多くが求め、世は〝寄らば大樹の陰〟とばかり壮大なサラリーマン集団になった。

その路線から外れると落伍者《らくご》の烙印《らくいん》を押される。

だから、自身で起業するとか、新しいことに挑戦するとか、リスクを負うことは極力嫌い、ひたすら安定を求める。

学生ら若者に聞くと、車やブランド品を欲しいとは言わない。カネがかかるから嫌だという。

確かに国民一人一〇〇〇万円、家族四人で四〇〇〇万円の公的借金を負わされていることを皆知り始めた。

ゼロ成長、人口減が進む中、この先どうみても増税国家になるのではと危惧している。個人の借金能力は年収の五倍までというが、既に家族全員が膨大な借金を負わされている現実をみると、ローンすら組めず住宅など持てない時代がくると読むはずだ。

## 日本の「つまらない国」化に歯止めをかけるには

どうみても夢を持てない、展望なき社会への「不安」が若者を取り巻いている。「つまらない感」「守り感」の蔓延《まんえん》はこうした背景から生まれているとみるがどうか。どんどん「つまらない国」になっていく日本！

これにどう歯止めをかけるのか。

それが、新元号で始まる新しい時代の日本という国が解くべき政治の主題ではないだろうか。私はそう思う。

本書ではこうした状況を踏まえ、どうしたら夢と希望を若者に呼び戻すことができるのか、日本各地の「元気」を取り戻すことができるか、幾つかポイントを絞って論じてみたい。

特にこの国の古くなった統治システムの矛盾、問題を指摘し、なおかつそれを解決する方法や手段について大胆に提案し、多くの読者の議論に服してみたいと思う。

## 百五十年前の夢をまだ追いかけている日本

さて、明治維新から百五十年が経つ日本である。

これまでの日本は、ひたすらヒトは増え、所得は増え、税収も増える、拡大続きの「右肩上がり社会」だった。

ところがこの先は、このまま行けば、坂を下るようにヒトは減り、所得は減り、税収も減る、縮小続きの「右肩下がり社会」になっていく。

しかも、年を追う毎にそれは厳しい下り坂となっていく。

そうした未曽有《みぞう》の人口減時代へパラダイム転換しているというのに、政府はこの構造変化を労働問題にすり替え、外国人の移民を大量に入れれば済むかのような議論をしている。

いつまで〝経済〟だ〝成長〟だと二十世紀の拡大期のキーワード、成功体験を持ち出し、その延長線でモノを見続けるのか。

そうではなく、これからは全く違う時代の始まりだという認識から、「新しい日本づくり」を構想したらどうか。

## 「盲腸化」した四七都道府県はもうこの国に要らない

少し長い歴史でみると、二十世紀の日本は極めて特異な「人口大爆発」期だった。明治維新から百五十年で人口は四倍近くに膨れた。

しかし、十五年前の一億二八〇〇万人をピークに人口減少期に入り、いまは毎年数十万人単位で減っている。人口減の構造はこうだ。

いまのところ出生数と死亡数の差は四〇万人程度だが、やがてこの差は五〇万人、七〇万人、一〇〇万人と開いていく。

現在、一〇〇万人以下は香川、鳥取、和歌山、佐賀、福井、山梨、徳島、島根、高知の九県にすぎないが、二十五年もすると、それに奈良、長崎、岩手、石川、大分、宮崎、青森、富山、山形、秋田の一〇県が加わり、一九の県で人口が一〇〇万人を割ってしまう事態となる。

現在の政令市の指定要件である実質七〇万人にも届かない県の続出は何を意味するか。府県を広域自治体とし市町村を基礎自治体としてきた自治制度が根幹から崩れていることとを意味する。

ズバリ言うと、これまでの国と市町村の間に立ち「仲介業」を営んできた「都道府県」は四七も要らなくなっているということなのだ。これまでも「盲腸化」「無駄使い」官庁と言われてきたが、民間でも仲介卸《おろし》売り業がはやらない時代だ。しかも、ほとんど改革のメスが入っていない。各省は県庁を手足のように都合よく使い、市町村から突き上げられることはほとんどない。「ぬるま湯」行政が温存されるゆえんだ。

明治二十三年（一八九〇年）、交通機関が馬、船、徒歩の時代につくられた四七都道府県体制は広域化、高速化の現代社会に合っていない。

行政圏と生活圏（経済圏）が大きくズレてしまっている。

だが制度がくびきとなり、各県はあたかも四七の国のように振る舞っている。

互いを「厚い壁」で仕切り、知事も職員も議員もヨソ（県）のことは何も知らない。

人口も計画も予算も主な事業も関心すらない。

あるのは「隣にあるからウチにもつくる」という「フルセット行政」の横並び意識だ。

例えば、広域圏に一つで十分な空港が「オラが県にも空港を！」と競い合い、その数は全国に九七もできた。九割以上が大赤字だ。

大型船の海外交易の拠点港湾も広域圏に一つで十分なのに、各県は競うように小舟しか入れない港を次々と整備してきた。

結果、海運の国際競争力は弱体化し、シンガポール、韓国などに主力港湾の地位を奪われている。

こうした現代に合わない統治の仕組みを放置するとどうなるか。

各県のフルセット行政が日本財政を悪化させ、不要なハコモノやサービスが増え、非効率な行政が続くことになる。

結果、国民に重い税負担としてツケが回ることになるのである。

## 新しい、前向きな競争を生み出す構造改革

こうした状況をどう打破するか。広域自治体といいながら「狭域自治体」化した四七都道府県を賢くたたみ、もっと力の発揮ができる少数の広域自治体に創り変えることだ。

いまの都道府県庁には大手企業の一流社員並みの職員が集まっている。現状は過剰能力集団だ。もっと広域化すれば、この過剰能力集団と思われる現状を打破できる。国民にとって人材の宝の持ち腐れ状態を克服できる。その意味でもより広域の自治体に創り変える

べきだ。

日本は既に、人の住まない人口空白地域が国土の二割、空き家が総戸数の三割を超えた。

そして半数以上の市町村で人口半減期に入る。

歴史を振り返れば、明治期の「廃藩置県」は、人口拡大期に備えた政治革命だった。

この先必要なのは、はっきり言ってその逆の政策だ。

私が思うに、未曽有の人口縮小期に備えた「廃県置州」という政治革命なのだ。

この「廃県置州」とは何か？

四七都道府県を再編統合し、約一〇の広域圏からなる州とする。

それぞれの州政府が内政の拠点として自立できるよう大胆に分権を進め、広域圏の地域づくりは州に委ねる。

こうした地方主権の国に変えると内外に競争が生まれ、東京一極集中は止まり、創意工夫で各地に元気と活力が湧き出てくる。

結果、ムダは省かれ企業も人口も地方分散が進む。

## この先の増税をやめられる改革メリットがある

いま、日本の国と地方の歳出合計は一六〇兆円を超えるが、これを賄う税収などの歳入は一〇〇兆円に届かない。増税して歳入を増やすと国民の可処分所得が減り生活が苦しくなる。

そこで三十年近く続く、このワニの口のように開いたギャップ（赤字）は借金（赤字国債・地方債）で穴埋めされてきた。一二〇〇兆円を超える公的債務がその累積額だ。

しかも、歳出一六〇兆円が私たちへの行政サービスに回るならまだしも、その約半分は公債費、人件費、管理費など統治機構を維持するための間接経費に消えている。

間接経費が半分を占めるような会社はみな潰れているはずだ。

何度増税しても私たちに〝豊かさの実感〟がないのは、こうした要因による。

これを放置したまま、若者に「夢を持て！」と幾ら叫んでも無理な話だ。

彼ら彼女らの行く先には借金地獄が待っているからだ。

これほど無責任な政治はない。歴史上、江戸末期ぐらいしか例がなかろう。

徳川末期の放漫財政を叩き潰そうとして起こったのが明治維新だった。

いまの細切れフルセット体制と国民から遠い中央政府が仕切る中央集権体制が、諸悪の根源になっている。

それを変える改革が道州制（日本型州構想）への移行だ。

ある試算では、この改革で二〇兆円近く浮くとされる。

二〇兆円とは消費税一〇％分に当たるから、この先の増税を止めることができる。

しかも身近なところで税金が集められ、使い道を住民が決めることができる。結果、ムダは大きく省かれる。

## これからは「日本型州構想」だ

この道州制を、私は「日本型州構想」と呼ぶ。

現在の二〇政令市、約六〇の中核市を、それぞれ政令市→特別市、中核市→政令市に格上げし、この核となる都市自治体に多くの府県業務を移管する。

その上で内政（厚労、国交、文科など）に関する国の本省業務、ブロック機関の業務、残存する都道府県の業務を融合し州政府の仕事とする。

これで内政の拠点となる州制度が実現できる。

これまで北海道の「道」を意識し「道州制」と呼んできたが、北海道州、九州州と「州」で呼称を統一すれば、もはや道州制と呼ぶ必要はない。

私はこれを「日本型州構想」（略して「州構想」）と呼んでいる。

歴史軸で言うと明治期に国→府県→郡（一部市）→町村の四層制でスタートした統治体制は、戦後、国→都道府県→市町村の三層制となり、今後は国→州→市町村に組み替える。

## 「国鉄民営化」と同じインパクト

このようなことを唱えると、よく都道府県が無くなるのは心配であり、「反対」だという声が上がる。

だが、それは行政上の再編統合の話であって地名（空間）として県名は残るし、甲子園の四七県対抗高校野球も残る。特段生活上の支障は何もない。

要は、狭域化した府県の行政機能をより広域の州に置き換える話だ。

その際、自治体としての府県機能を即廃止という考えもあろうが、新特別市、新政令市という大都市区域外の市町村を補完するカウンティ（郡）としてしばらく残し、州と市町村の関係が安定してきたら郡は自然消滅をしてよいのではないか。これまでの県と町村の間の「郡」が自然消滅していったように。

この「州構想」への改革は、三十二年前の「国鉄改革」に似ている。

それまで万年赤字であった国鉄、全国の鉄路を一つのサイフと東京本社で一括管理してきた「ドンブリ勘定」の国鉄を思い切って七つの民間会社（JR）に分割民営化し、日本の鉄道を再生させたあの改革だ。

当初、地方切り捨てとか運行本数の地域差が出ると批判されたが、それから三十二年経って結果はどうか。

広域のJR各社が様々に経営努力をし、慢性赤字とガバナンスの喪失に悩んでいた国鉄は、見事蘇ったではないか。

日本の国・地方を通じた「州構想」改革も同じこと。

いまのように国・地方がもたれ合い毎年六〇兆円もの赤字をたれ流し、歳出削減すらできず、累積債務が一二〇〇兆円にも膨れ、誰が経営責任を負っているか分からない統治体制……こんなもたれ合い政治、ドンブリ勘定の国家経営の先に何があるか。

〝国家の破綻〟しかない。

これをこうならないよう広域自治体を解体・再生させるのが、これからの政治の基本的な仕事ではないか。

## 憲法改正は「地方への視点」でやるべき

憲法改正議論が浮上している。

いま与党の提案は①緊急事態条項、②教育の無償化、③九条への自衛隊明記、④参議院の合区廃止の四つである。

さて、どうだろうか。この四つから次代の日本の姿がみえてくるだろうか。

答えは「否」だ。

国民が大きく困っているテーマか。

それぞれ既に法律や財政で処理され、国民が認知しているものばかりではないか。合区廃止などは特定地域で問題となる〝ご当地ソング〟に過ぎない。

「憲法改正の入門だ」という声もあるが、国民投票までして行う憲法改正はそう頻繁《ひんぱん》にはできない。

やるなら、この国の次代の骨格を決めるのに極めて不都合な点を変えればよい。

急速な人口減少で財政も行政も簡素で効率的な仕組みにしない限り、増税で国民は疲弊し国家は衰亡に追い込まれかねない。

だとしたら、地方主権の国づくりをめざし、必要な憲法第八章の項目を自治権強化の観点から大幅に見直したらどうか。

また「国会改革」はいつも掛け声ばかりだが、参議院を「地方の砦《とりで》」になるよう役割と代表の選出方法を大幅に変えたらどうか。

たとえば、ドイツ型の第二院、国政をチェックし地方の政治参加の砦になるよう、参議院の独自性を憲法上保障したらどうか。

## 東京から、人も企業も二割減らす

東京一極集中をどうするか。

これは人口減時代のあり方に加え、首都直下地震の恐怖、二〇二〇年東京五輪後の「大不況」、国際地位の低下など様々な要素が加味される大問題だ。

私は「東京二割減反」を唱えたい。

人も企業も二割減らす。

その分を地方に回す誘導策を本気でやることだ。
超肥満となり身動きのできなくなったマンモスのような東京を、筋肉質でスリムな能力の高い東京に変えることだ。

まず日本を州制度に変え分権化、分散化を徹底することが第一である。

次に、日本は米国の一州（カリフォルニア）ほどの小さな国で、端から端まで行くのにそう遠くない。しかもそこに新幹線、高速道路が張り巡らされ、どこに行くにもそんなに遠くない。時間はかからない。ただおカネがかかる。時間はかからないがおカネがかかる。

ここを直すとよい。国の負担で新幹線料金を山手線並み、普通電車並みに下げ、高速道路はタダにする。そうすれば、若い人たちも満遍なく地方にも住むようになり、東京一極集中はなくなる。このコストは毎年地方に配る地方交付税一七兆円の五兆円ぐらい充てる程度で済むのではないか。土地が狭く過密な東京の再開発をするより、はるかに安い。こうした人流を変える構造改革が賢い国土政策ではないか。

そして、大手有名大学の減反を図ることはどうか。大学減反政策の実行だ。
東京への人口移動が起こるのは若者の進学、就職期が一番多い。

出生率（一・二）が最低の東京に若者を吸い上げると〝ブラックホール〟のように人口減が進む。

国はあわててこの先十年、東京区部の大学新増設は認めず、定員管理を徹底し、抑制縮小する方向を打ち出してきた。

だが、このやり方は長年学生を預かってきた私の経験からすると、若者の感性、ニーズに合っている方策とは思えない。

大都市の大学抑制政策は一つの手ではあるが、方法が違う。

若者の「大手の有名大学」で学びたいという欲求と、大都市の人口抑制を両立させる方法はないか、もっと知恵を働かせてみたらどうか。

例えば早・慶大や明・青・立・中・法大（ＭＡＲＣＨ）など伝統ある大手校に働きかけ、総定員の二割か三割を地方分校（慶大北海道校、早大九州校など）の創設で振り分けるかたちの「東京大学減反」ではどうか。

## 大阪を副首都にする大きなメリット

もう一つ、大阪を副首都にし、霞が関、永田町の「首都機能」の三分の一を大阪に移すことだ。

二〇二五年の万博誘致が決まり、大阪都構想の実現も迫ってきた大阪である。

そこに、例えば主要省庁の三分の一の本省機能を減量化しながら移すのだ。

副大臣が常駐する副首都を形成する。

外局、外庁、関連団体、特殊法人などの移転も率先して図る。

公益法人の許認可権限を統合した「公益庁」を新設することも考えられる。

また、「国会」の会期を二つに分けたらどうか。

第一通常国会（春期、百日）は東京で、第二通常国会（秋期、百日）は大阪で開くよう国会法を改正する。

すると、自然に省庁半減、政党本部の二極化が進む。

関連して官僚、政党職員の移動も定期化し流動化する。

大阪、東京が一時間でつながるリニア時代を睨むなら、危機管理の視点からも「行政府」「立法府」の二都化は極めて有効ではないか。

万博誘致、カジノ誘致が決まったいま、それに「大阪都構想」の実現、これを三位一体として進める構想を「トリプルスリー構想」と呼んでもよい。

このネーミングは前大阪市長の橋下徹氏が十年前にぶち上げたものだが、万博、カジノに目途がついたいま、残る一つ、大阪都構想も住民投票の賛成で前に進めなければならない。それが大阪、そして日本の将来のためになる。

## 地方政治の活性化は「クオータ制」で

日本の公共活動一六〇兆円の三分の二は地方自治体が担っている。
だが、その意思決定に関わる地方議会がパッとしない。
たとえば議員を選ぶ地方選挙だ。
①投票率の低下
②無投票当選の急増
③無風選挙の蔓延
④候補者のなり手不足
⑤過少な女性議員、過多な高齢議員
など問題が多い。
議会活動も、

⑥地方議会の機能不全
⑦政務活動費の不正使用
など構造的な問題を抱えている。

これをどう解決するかは日本の民主主義に関わる大問題だ。

それ（を変える）には、こうした方法があるのではないか。

第一に、都市部及び中小自治体の議会に、土日夜間開催を法的に義務づける。

第二に、会社員が勤めながら議員を兼職できる「公職有給休暇制度」を創設する。

第三に、高齢層、男性層に偏る現状を変えるため、定数に年齢枠と女性枠を設けること。

性別クォータ制（割り当て）を導入し、三〜四割の女性枠を創設する。

年齢別クォータ制で二十〜四十歳代から四割、五十〜七十歳代から四割、残りの二割は年齢枠外としたらどうか。

クォータ制や公職有給休暇制など国の法整備が必要なものもあるが、土日夜間議会化などは各自治体の決断次第ですぐにでもできる。

政務活動費についても、これはあくまでも立法活動の活性化が狙い。だから余分な使途は認めない方がよい。

もっと前向きに各広域圏で政務活動費の半分程度を出し合い、「○○広域圏地方法制局」をつくったらどうか。

国の衆議院、参議院には内閣法制局とは別に各議員立法を支える法制局がある。この考え方を地方に取り入れたらどうか。

各議員はレポート用紙一枚に問題意識を羅列する。

それをベースに非常勤で雇った法科大学院出の法制局員が条例化をサポートしてくれる。また議案の審査も手伝う。

こうしたサービスがどんどん行われるようになったら、地方議員の政策（条例）提案は飛躍的に増えよう。

## 農業に希望の光を

農業問題の深刻化は日本の死活問題だ。

食料自給率をどう上げるかが問題だが、それ以上に担い手の後継者がいない、農業者の多くが六十五歳以上という現状をどう変えるかだ。

他の職業と違い、日本の農家は明らかに世襲制に近い。

法改正を行うなど規制緩和の動きにあるが、実際の新規参入はなかなかむずかしい。耕作放棄地は滋賀県の面積に相当するぐらい大きいが、実際農地を手に入れようとすると、購入する手続きは意外にむずかしい。

借地契約ならよいが、売買契約となると「先祖伝来の土地は手放せない」と嫌う現実がある。地元の農業委員会も売買を認めたがらない。

農地取得だけでも一〇〇〇万円はかかる。それだけでなく、農業用の機械を購入するにも相当の初期費用が必要だ。

初期費用が嵩《かさ》んでもそれなりに収入があればよいが、コメ農家だと初年度の売上は平均二三〇万円ぐらいだ。一般サラリーマンの新規大卒の年収より低い。

にもかかわらず、サラリーマンのような雇人と違い、農業は自分で資本装備をする経営者だから、黒字を出すには相当の力量がいる。

## 都会のサラリーマンと農家の収入を同等に

赤字が増えるばかりだと後継者は育たず、農業の高齢化が進む一方になる。

いま政府で考えているような、外国人を安い労働力として受け入れるという発想は長続きしない。地元に長く定着するとは思えないからだ。

どの国でもそうだが、農業は保護産業の性格を否めない。もっと若い人が継いで、新規参入が生まれるよう、抜本改革を必要とする。農業にODAのような資本投下の発想はできないだろうか。

農業の担い手不足や高齢化の打開策として次世代農業の姿を「スマート農業」とし、トラクターの自動運転の実用化や自動走行による田植え機の開発が進み始めた。

まだこの種の農機具の価格は米国に比べ二～三割高いが、農機具販売で世界第三位のクボタなどが技術開発を先導し、普及率を高めることでコストダウンは可能だろう。

政府は、こうした新しい技術開発を後押しする財政措置を採れないか。

民主党政権時に少し始めて止めてしまったが、農家へ「所得補償政策」を採用することも必要だ。

個人経営中心の農家が、依然日本農業の担い手である。

そこで資金援助を含め、ここに思い切った資本投下の手を打たないと農村自体が消えてしまう。

どんな先進国でも農業を大事にし、農村を大切にしない国はない。

補助金行政などムダな措置を整理し、農家が都市サラリーマンと均衡ある所得を得られるよう所得補償政策を採るべきだ。

フランスなど食料自給率の高い国は、こうした保護措置が支えている部分もある。

## 政治は「将来のため」にある

以上が本書で述べようとしている、この国を「元気」にし、若者が「自信」と「夢」を持てる国づくり、多極分散型の元気国家・日本を創るための「構造改革」の要点だ。

以下では、それぞれのテーマについて章ごとに詳しく掘り下げているので、章立ての順にとらわれず、興味のあるところからお読みいただきたい。

税金をこれ以上使わない統治の仕組み、賢く現在をたたむ改革、広域自治体の能力を上げる改革、もっと国民、地域が主人公となれる政治の仕組みを構想し実行していく。

それがこれからの日本改革に課せられた基本的な方向ではないか。

それには「廃県置州」が大きな改革の枠組みとなる。古くなった府県に代え新しい州を創ることだ。

明治維新から百五十年が経ついま、日本改革の新たな動きが始まることを期待したい。

憲政の師・尾崎行雄は、

**「人生の本舞台は、つねに将来に在り」**

という言葉を残している。

将来を設計する政治に携わる者に呼びかけた言葉である。

いまの政治に最も欠けているのはこの「つねに将来に在り」という視点だ。

これが国、地方を問わず、選挙で選ばれ政治に携わるリーダーたちが心すべき要諦ではないだろうか。

# 第1章

# 賢く日本をたたむ

## 明治維新百五十年は何を問う

その時代にふさわしい「国のかたち」を設計する、それが政治の役割である。明治維新から百五十年、時代は大きく変わった。本格的な人口減少時代を迎えた日本をどうするか、「新たな国づくり」を本格的に議論すべき時期ではないのか。だがこの十数年、政治は景気対策の話ばかりだ。行政改革を含め根本に立ち返って国家の統治構造を見直そうという話は全くない。政治の怠慢である。

二〇一九年は統一地方選、参院選と続くが、その勝敗のみを意識し、与野党ともサービスの大盤振る舞い合戦の様相にある。〝サービスは大きく、負担は小さく〟、こんな手品師のようなポピュリズム政治が続くと何が生まれるか。国民への重い負担の話ばかりとなる。

ガバナンス（舵取り）を失った国家に未来はない。当面、消費税値上げは必要としても、いまの統治機構「国→都道府県→市町村」の三層制とそれに連なる膨大な出先機関、外郭団体をそのままにする限り、この先、何度増税を繰り返しても一二〇〇兆円を超える財政赤字は消えない。むしろ増えるばかりだ。

バブル崩壊後、日本の国と地方の歳出合計は一六〇兆円を超える動きだが、一方、税収など歳入は一〇〇兆円に届かない。こうしたワニの口のように開いたギャップ（赤字）を借金（赤字国債・地方債）で穴埋めする財政運営が続く。よく中身をみてほしい。歳出の一六〇兆円が私たちへの行政サービスに回るならまだしも、その半分近くは公債費、人件費、管理費など統治機構を維持するための間接経費に消えている。間接経費が半分を占めるような会社はみな潰れている。

何度増税しても国民に〝豊かさの実感〟がないのは、こうした背景による。これを放置したまま、若者に「夢を持て！」と幾ら叫んでも無理な話だ。なぜなら、彼ら彼女らの行く先には借金地獄が待っているからだ。これほど無責任な政治はない。歴史上、江戸末期ぐらいしか例がない。明治維新がなぜ起きたか、滅ぶべきして滅んだ徳川幕藩体制に学ぶべき点は多い。

## 制度疲労、空洞化の進む四七都道府県体制

いまの日本の統治の仕組みは人口増時代に対応したものだ。明治維新後日本は、ひたすらヒトは増え、所得は増え、税収は増え、拡大の続く「右肩上がり社会」だった。しかし

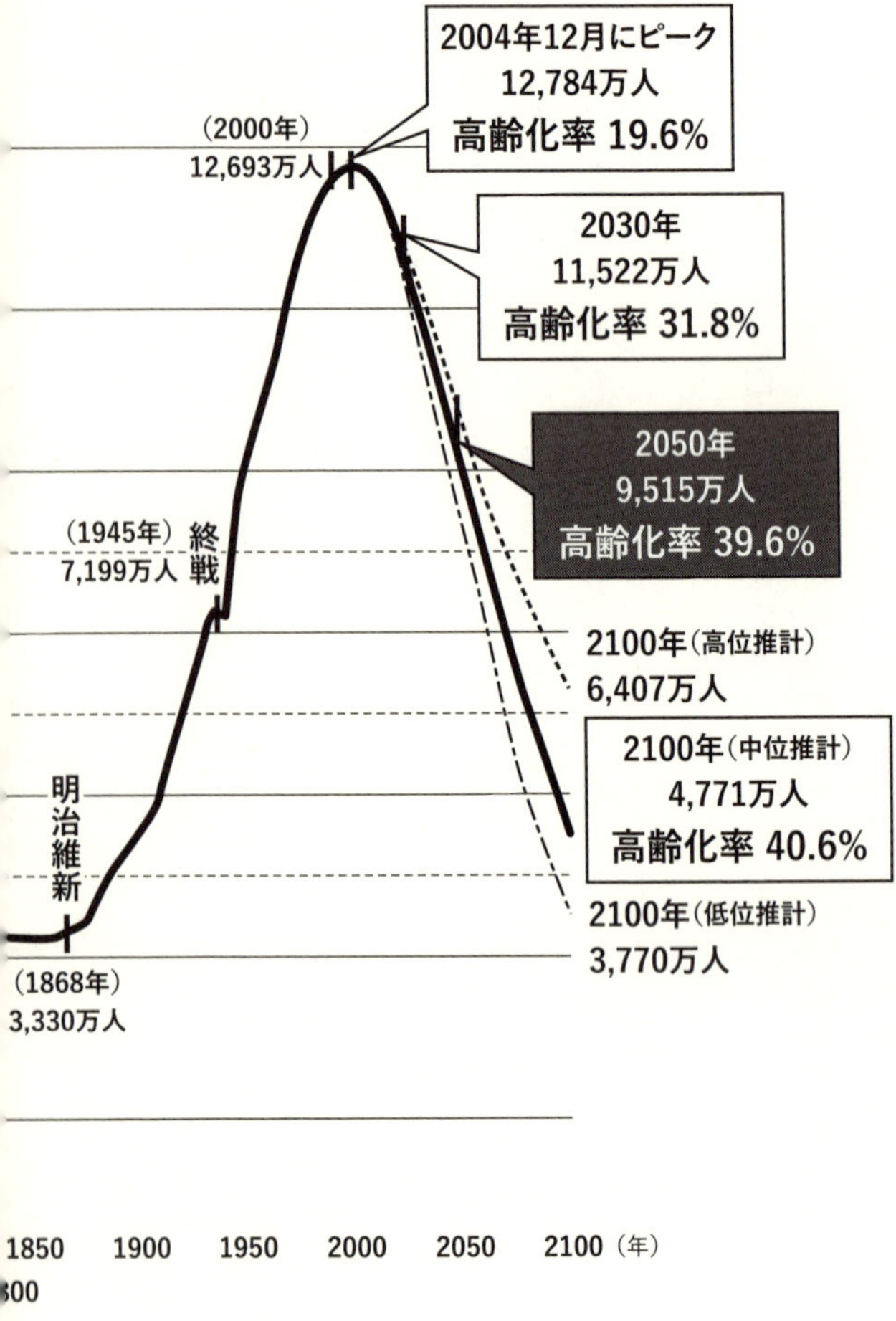

2004年12月にピーク
12,784万人
高齢化率 19.6%
(2000年)
12,693万人
2030年
11,522万人
高齢化率 31.8%
2050年
9,515万人
高齢化率 39.6%
(1945年)
7,199万人
終戦
2100年(高位推計)
6,407万人
2100年(中位推計)
4,771万人
高齢化率 40.6%
明治維新
2100年(低位推計)
3,770万人
(1868年)
3,330万人
1850
1900
1950
2000
2050
2100
(年)
300

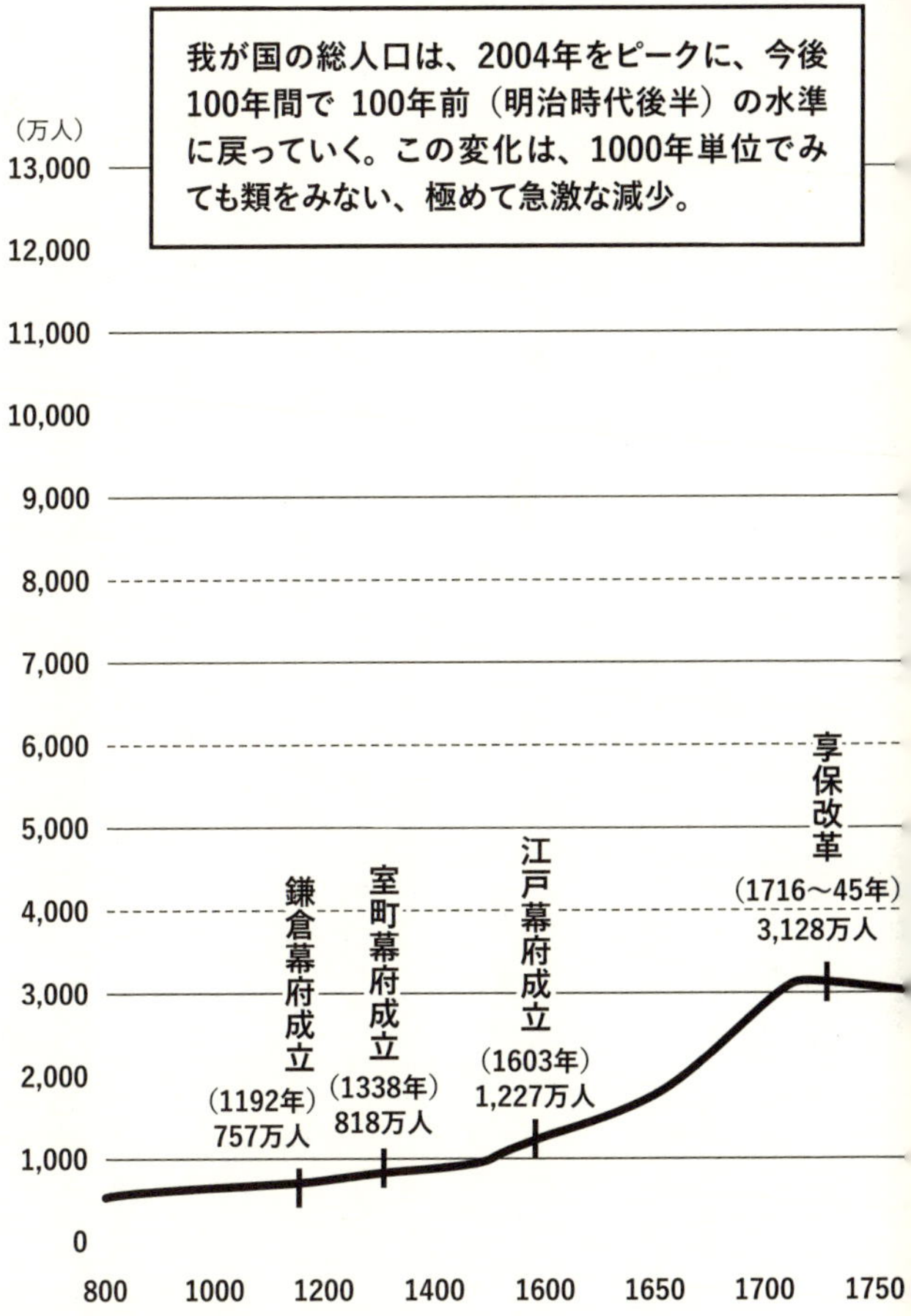


出典：『国土の長期展望』中間とりまとめ　概要
（平成23年2月21日国土審議会政策部会長期展望委員会）

一転、この先は「右肩下がり社会」へ向かう。坂を下るように減り、年を追う毎に厳しい下り坂となっていく（図参照）。人口減少時代に合う簡素で効率的な統治機構に衣替えする改革が不可欠だ。特に明治二十三年（一八九〇年）創設以来ほとんど無傷できた四七都道府県体制は、抜本から見直さなければならない。

日本列島はこの先、少子化で一〇〇万人に達しない県が続出する見通しだ。現在一〇〇万人以下は香川、鳥取、和歌山、佐賀、福井、山梨、徳島、島根、高知の九県だが、あと二十五年もすると奈良、長崎、岩手、石川、大分、宮崎、青森、富山、山形、秋田の一〇県が加わり一九県にもなる。しかも人口が四割も減る県が軒並み増え、現在の政令市の実質最低要件七〇万人にも届かない県が続出する。中規模市並みの県が半数近くになる傍ら、八〇～一〇〇万人規模の政令市が二〇近くになる。こうした広域自治体と基礎自治体が逆転する現象の続出は、自治制度を根幹から揺るがす。

入れるものが小さくなっていくのに、入れる器が人口増時代のままというのは誰がみてもおかしい。百三十年前の馬、船、徒歩の時代にスタートした四七の都道府県割は、広域化した現代に合っていない。だが、制度の枠に縛られた現在の都道府県はあたかも四七の国のように振る舞っている。広域圏に一つで十分な空港が各県横並びで競い合った結果、その数は九七にもなった。だが九割以上が赤字である。県内に政令市を抱える県庁は、その政令市と張り合い、人口減で需要が大幅に減るにもかかわらず、同じモノ、同じようなサービスを創り続ける。統治の仕組みが二重、三重行政のムダを生んでいる。

国と市町村間で「卸売業」を営んできた都道府県は、二〇〇〇年の分権改革でその役割を失い、各省の機関委任事務を大量に処理する役割もなくなった。県行政は膨れ上がり非効率な行政が目立つ。住民から遠く「ぬるま湯」のような組織風土がみられる。「盲腸化」した存在だ。その一方、府県業務を移された政令市が二〇、中核市が六〇近くにもなり、広域自治体は事実上こうした都市自治体に置き換わる、地位の逆転現象が起きている。こうした統治構造の矛盾、空洞化を放置したままで何が生まれるか。国民への大増税と行政サービスの劣化だ。

## 止まる地方分権化への流れ

私たちの日常は、経済も生活も県境に関わりなく広いフィールドで行われている。地方自治のエリアは実際都市と行政都市が一致していることが大原則である。だが、現在の四七都道府県体制はそこから大きくずれ、社会の広域化が進む一方で各府県域は狭域化している。拡大した実際都市（圏）に合う新たな行政都市（圏）の創設、人口の大幅な減少のトレンドを加味した広域自治体の再構築は待ったなしだ。四七都道府県という旧体制を解体再編し、広域圏を単位に約一〇の州をつくり、日常生活に合った広域圏行政の仕組みを創るべきだ。それが道州制である。この改革で財政面だけでも二〇兆円近いカネが節約できるとされる。消費増税一〇％分をカットできるということだ。

日本はこの十数年、中央集権体制に代え地方分権体制が望ましいとし、様々な制度改革を進めてきた。二〇〇〇年に四七五本の法律を一括改正した「地方分権一括法」の施行はその意思の表れだ。そして分権国家の究極の姿は「道州制」だとし、それに向けた改革構想も練ってきた。第一次安倍政権（二〇〇六年〜〇七年）では道州制担当大臣を置き、その設計を委ねられた道州制ビジョン懇談会は「二〇一八年までに日本は道州制へ完全移行すべきだ」（二〇〇八年三月中間報告）と提言し、必要な法整備を求めている。

この流れはいったん民主党への政権交代で止まるが、再び二〇一二年十二月に政権復帰した自民党は「道州制推進基本法」をまとめ、与党の公明らと法案提出の準備に入った。だが、迫る衆院選を前に格差拡大などを懸念する全国の町村などの反対運動を受け、選挙に不利とみた安倍政権は二〇一四年春、通常国会への法案提出を見送った。その後は鳴かず飛ばずである。

しかし、そうした政治の意思とは別に、世の中の事態はより深刻な方向に進んでいる。人口減少は加速度を増し、累積債務は一二〇〇兆円を超え、市町村の半数が人口半減の危機にある。

## 大都市を基礎に日本型州構想を

現在の細切れのフルセット体制と、国民から遠い中央政府がセンターとして仕切る中央集権体制はどうみても時代に合わない。その改革方向は道州制移行にある。日本全体を約一〇の広域州とし、各州政府が内政の拠点となるよう大胆に分権化する。身近なところで税が集められ、使われていく。結果として、ムダは省かれ、人口・企業の地方分散は進み、日本全体が元気を取り戻すことになる。

これまで「幻の改革」構想と揶揄《やゆ》されてきた道州制だが、実は日本は既に道州制の素地はできている。二〇政令市、約六〇の中核市をそれぞれ政令市→特別市、中核市→政令市に格上げし、この都市自治体に多くの府県業務を移管する。その上で内政（厚労、国交、文科など）に関わる国の本省業務、ブロック機関の業務、残存する都道府県の仕事を融合するかたちで「州」政府を創設し、内政の拠点とすれば道州制は実現できる。

ただ、私は以下で述べるように手垢にまみれた上から目線の「道州制」という表現に代え、日本型州構想（以下、「州構想」）という表現を使いたい。これまで北海道の「道」を意識し「道州制」と呼んできたが、北海道州、九州州と「州」で呼称を統一すれば、もはや道州制と呼ぶ必要はない。下から構築する新たな州制度、私はこれを「日本型州構想」と呼んでいる。

歴史軸で言うと、明治期に国↓府県↓郡（一部市）↓町村という四層制でスタートした統治体制は、二十世紀中頃から国↓都道府県↓市町村の三層制となり、二十一世紀の今後は国↓州（一部都市州）↓市（一部町村）に組み替わることになる。よく県がなくなるので反対だという人がいるが、日常に定着している都道府県名は地名として残るし、カウンティ（郡）という州の出先機関としてしばらくは残る。甲子園の四七県対抗高校野球も残る。なので生活上何の支障もない。自治体としての府県機能は即廃止というより、新特別市、新政令市区域外の市町村を補完するカウンティ（郡）として残し、これまでの県の下にあった「郡」が半世紀かけて次第に自然消滅したように同じ方向をカウンティとしての府県も辿ればよいと考える。ソフトランディングの改革の進め方だ。

日本を「州構想（道州制）」に移行させるねらいは、次の三点にある。

第一に、日本を地方分権の進んだ地方主権型の国家体制に変えること。

第二に、東京一極集中を抑え、各圏域が自立的できる活力ある競争条件を整えること。

第三に、国地方の統治機構を簡素化し、効率的で賢い統治システムに変えること。

「州構想」移行で、各州は国から移された財源や立法権、行政権、一部司法権をフルに使い自立を始める。内政の拠点となる各州は広域政策の主体として、道路・空港・港湾など広域インフラの整備、科学技術の振興、州立大学などの高等教育、域内経済や産業の振興、海外都市との交易、文化交流、雇用政策、州内の治安、危機管理、環境保全、医療保険など社会保障サービスを担当する。政策減税で企業を呼び込むことも可能となる。国家権力は分散し、各州知事に実力ある政治家が就くようになる。ゆくゆく日本の首相は、州知事から選ばれる時代ともなろう。

## 国鉄改革と似ている「州構想」改革

巷間《こうかん》、いわゆる「道州制」はよく理解できないという声を聞く。実体がないのでその気持ちも分かるが、ざっくり言えば、それは四十年前の「国鉄改革」に似ているとみてよい。それまで万年赤字であった国鉄、全国の鉄路を一つのサイフと東京の本社で一括管理してきた「ドンブリ勘定の国鉄」を思い切って七つの民間会社（ＪＲ）に分割民営化し、日本の鉄道を再生させたあの改革だ。当初、地方切り捨てとか運行本数の地域格差が拡大すると批判されたが、それから三十二年経って結果はどうか。広域のＪＲ各社が様々に経営努力をし、慢性赤字とガバナンスを失った国鉄は見事蘇ったではないか。

日本の国と地方を通じた「州構想」（道州制）改革も同じことである。現在のような、国・地方がもたれ合い毎年六〇兆円もの赤字をたれ流し、歳出削減すらできず、累積債務が一二〇〇兆円にも膨れ、誰が経営責任を負っているか分からない。人気取りの政策合戦、ポピュリズム政治が続き、与野党とも改革案すら出せない。こんなもたれ合い政治、ドンブリ勘定の国家経営の先に何があるか。国家の破綻しかない。

政策の失敗、歳入不足をひたすら借金で隠し、選挙が終わると屁理屈をつけながらそのツケを増税（値上げ）で国民に付け回す。これはどうみても旧国鉄と同じではないか。

こうした日本の統治体制を打破することなく、日本の将来に希望を持てと言っても国民には虚しく聞こえるだけだ。

明治の「廃藩置県」が人口拡大期に備えた政治革命だったとすれば、これからの未曽有の人口縮小期に備えた政治革命は「廃県置州」ではないか。

　政府のように国が仕切る「集権型地方創生」では、地域の内発力が出ない。真の地方創生、日本再生は地方が実力を発揮できるこうした統治機構の大改革からしか生まれない。日本の政治が真正面から挑むべきテーマは、この大改革だ。

# 第2章

# 実現可能な日本型「州構想」

## 「地方主権型」という意味

もとより、日本での道州制論議はいま始まった訳ではない。戦前、そして戦後長い論争の歴史があり、「幻の改革構想」としてお蔵入りしている感すらある。だが、前章で述べたような背景からして、どうしても避けられない改革だと考える。これまでの道州制で一番新しい制度プランは二〇〇八年の政府による道州制ビジョン懇談会の中間報告である。「各道州が主体となって、それぞれの地域住民が納得し満足する、効率的でムダのない行政が行われる『国のかたち』」を道州制とし、「広域圏の州に立法、行政の広範な統治権を国から移管し、内政の拠点となる地域主権型の道州制とすべきだ」というのがそれだ。私の考え方も概ねこれに近い。

ただ、地域に関わる政策づくりの主体を国か地方かで区分した場合、地域に主権があるという考えはむずかしく、地方自治体に統治権があると考える方が正しい。そこで私は「地域主権型」ではなく、「地方主権型」州構想と呼んでいる。この「地方主権型」だと国が上で地方が下だというイメージがあるので、それを避ける意味から「地域主権型」と名付けたというが、その懸念は当たらない。そうではなく、自治権を有する地方自治体により強い統治主体の権限を認めるという意味で「地方主権型」と呼んでもよいのではないかと考える。

もとより、先述のように「道州」という言い方は北海「道」を意識した呼称となっているが、北海道は地名と捉え、州の名称を北海道州でよいと思う。九州も州名を「九州州」とするなら、もはや「道州」と表現する必要もなくなる。日本を「州」に統一できる。これなら使い古された道州制ではなく、若者にも希望を与える州制度（state）への移行、「日本型州構想」と呼んでよい。私はそう考えている。

それはともかく、こうした「州構想」への移行で国は外交、防衛など国家的な役割、州は広域政策を担い、市町村は基礎行政を担うよう変わる。役割分担が明確になり、経営責任の主体もハッキリする。しかも三者は縦（上下）ではなく、役割の違う対等な横（水平）の関係に置き換わる。

各州は、公選の州知事、州議会を別々に選出する二元代表制の政治機関を持つ地方自治体となり、国の出先機関や四七都道府県が統合され、厚労省、国交省、文科省など戦前内務省として扱われてきた内政の総括権限や財源は各州に移る。国の地方への関わりは財政調整と政策のガイドラインを示す役割に限定され、各州が「内政の拠点」になる。

## 「州構想」実現のための諸論点

「州構想」への移行は日本各地を元気にする、それが大きなねらいだ。各州は国から移った財源や立法権、行政権、一部司法権をフルに使い、自立を始める。内政の拠点たる各州は、道路・空港・港湾など広域インフラの整備、科学技術の振興、州立大学など高等教育、域内経済や産業の振興、海外との都市交易、文化交流、雇用政策、州内の治安、危機管理、環境保全、医療保険など広域的な社会保障サービスなどを担当することになる。

ただ、この州構想に対し、地域間格差が拡大し、勝ち組、負け組がハッキリする、小規模な町村が寂れると言って反対する意見もある。しかし、そうだろうか。現在の四七都道府県のままで格差もなく町村も寂れないと言えるのか。話は逆ではないだろうか。

広域州にすることで州内の核となる大都市がその州を潤し、町村は広域州の中で財政調整の恩恵も受ける訳で、細切れの四七都道府県時よりむしろよくなる。州制への移行で各州は課税自主権をフルに使い、州の意思で財源を集めることができ、場合によっては政策減税も可能となる。こうして各州、各市町村は国から干渉されず、自らの意思によって課税し、税率を決定し、徴税できる。人や企業の流れを独自税制で呼び込むこともできる。

もとより、この実現には詰めなければならない論点、ポイントがたくさんある。

第一は州制度の性格をどのような自治体とするのか。

②州構想の地方主権型州制度が望ましいと考えるが、官僚らの①への圧力も懸念される。

| 類型 | 知事 | 議会 | 役割 | 自治権 | |
|---|---|---|---|---|---|
| ①地方庁 | 官選 | 公選 | 不完全自治体 | △ | ←中央集権型州制度 |
| ②州構想 | 公選 | 公選 | 広域自治体 | ○ | ←地方主権型州制度 |
| ③連邦制 | 公選 | 公選 | 独立地方政府 | ◎ | ←連邦制型州制度 |

第二は、州制度のもと国、州、市町村の所掌事務をどうするか。

第三は、各州の区割りをどうするか。幾つの州にするのか（次頁の図）。

第四は、「州構想」の制度を単一化するか柔軟性を持たせるかどうか。

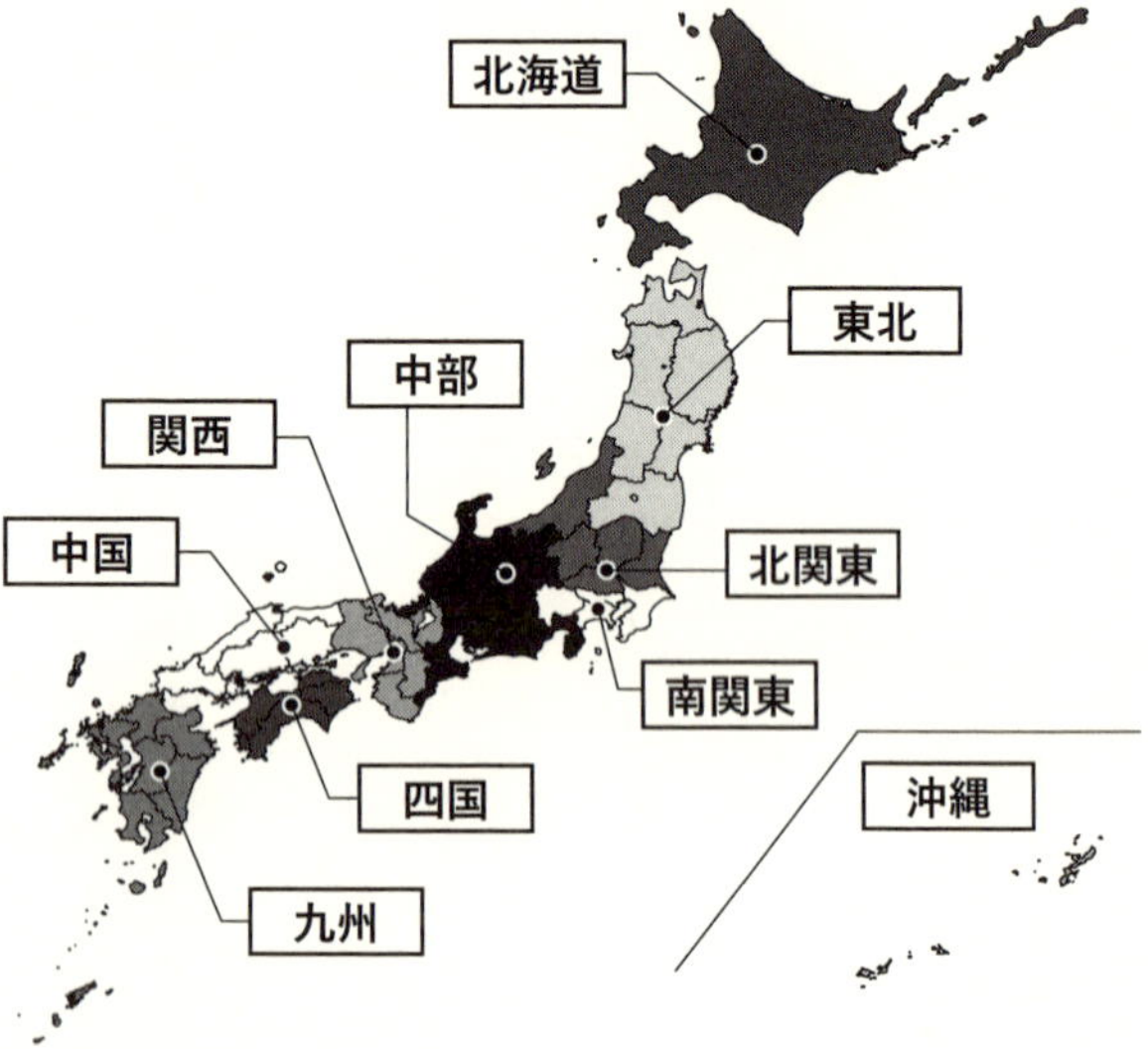


第五は、市町村（大都市、小規模町村を含め）と州の関係をどうするか。

第六は、州政府の知事、議会、職員機構、旧府県の扱いなど組織設計をどうするか。

第七は、現実に存在する地域間格差、税財政格差をどう調整するか。

第八は、いつごろ、どんな政治勢力、どんな内閣がこれを実現するのか。

一般国民からすると、都道府県が州に変わる話は夢物語のようで不安かもしれない。百三十年の間に私たちの生活に都道府県という制度は定着している。

「あなたの出身地はどこですか？」と聞

くと、多くは「〇〇県」と答えよう。甲子園での高校野球も県代表として戦っている。政治も経済も文化も、教育、スポーツ、産業など人々の活動の多くは四七都道府県を前提に成り立っている。その事実を否定する話が州制度への移行ではない。

「州構想」は行政上の仕組みの合理化であって、地域としての都道府県を消す話ではない。東北州岩手、九州州佐賀というように、地域名として旧県名はそのまま生かされていく。甲子園の県対抗高校野球も地域名の県対抗としてそのまま残るであろう。要は行政上の合理化の話に止まるのが州制度移行の話である。

この先、国民は大増税を選ぶか、サービス大カットを選ぶか、それとも統治の仕組みを変えるか、そのいずれを選ぶかの選択となる。人口減が本格化する中、早晩、日本政治の最大の争点はここに収斂していく。

## 日本型州構想の基本的考え方

ただ、従来の道州制論議はどちらかというと上から目線で国家統治の視点が強く、一般国民や自治体現場からすると少し議論が遊離していた感じがする。これまでの道州制は「夢物語」とも言われたように、どうも国民の生活実感、市町村の現実から距離のある道州制で、国民の理解を得るのも容易でなかった。そうではなく、既に政令市等の増大で府県行政は空洞化しているが、その実態を踏まえ、大都市を強くすることで府県行政は代替させ、むしろ国の内政の受け皿となる広域政策の主体をつくるのだ。

その基本的な考え方は、国（中央）から目線ではなく、地方から積み上げる「地域目線」の州構想だ。従来の、市町村を視野から外し四七都道府県を幾つかのブロックに分ける「上から目線」の羊羹切り道州制ではなく、現に広域圏の中核をなしている二〇政令市、約六〇の中核市などを基礎とした「州構想」である。広域の政策主体となれる内政拠点型の「州構想」という訳だ。

日本の大都市制度、とりわけ政令市制度は人口一〇〇万人都市を想定し一九五六年（昭和三十一）に横浜、名古屋、京都、大阪、神戸の五大市を指定して始まった。この指定要件を平成の大合併促進の視点から人口七〇万人まで緩和したこともあり、いまや二〇都市になった。北は札幌から南は熊本まで日本列島に並んでいる。

政令市は不完全な「市町村の大都市特例」に止まると言われながらも、本来の市行政に加え、府県行政の八割を併せ持つ基礎的広域自治体として日本の中核を担っている。この二〇政令市に加え、人口二〇〜七〇万を指定要件に府県行政の約五割を併せ持つ六〇近くの中核市がある。二〇政令市区域に国民の二割、約六〇の中核市区域に国民の二割、計四割の国民が大都市制度区域で生活しており、これにもう一つの大都市制度である特別区（東京二三区）の区域を加えると、国民の半数は都市自治体が府県行政を担っている大都市制度区域に暮らしていることになる。逆に言うと、この地域は既に府県は不要ともいうことになる。

そこで、政令市をこの先、現在の府県と同格の特別市に格上げし、中核市を政令市に格上げし、これまでの府県の役割は大都市が担う形にした上、概ねブロック単位の括りで広域自治体としての州をつくるのだ。約一〇の州に国の内政担当の農水、国土、厚労など関係各省の権限を移し、半分以上が市町村に移った府県行政の残りを併せ、内政の拠点「州政府」とする。

こうした基礎自治体から積み上げる「下から目線」の州構想なら、実態に合った「州構想」として多くの国民に理解されるのではないだろうか。

## 大都市制度の充実が基本

いまの政令市は、戦後法律上認められながら実現しなかった「幻の特別市」制度と引き替えに妥協の産物として生まれた市の「大都市特例」に過ぎない。地方自治法をはじめ個別法において、人口一〇〇万人以上の基礎自治体に行政裁量によって府県の権限の一部を上乗せする特例扱いの積み重ねに止まり、大都市の持つ潜在力を十分発揮するにふさわしい制度とは言いがたい。平成の大合併を進める理由で指定要件を七〇万人まで下げてもいる。

つまり制度の根幹が一般市町村と同一の制度で、自治制度上、大都市の位置づけや役割が不明確なのだ。事務配分も特例的で一体性、総合性を欠き、府県との役割分担も不明確なため二重行政、二重監督の弊害が頻発する。さらに、県から仕事は移すが役割分担に応じた大都市税財政の制度がないため自立性の乏しい構造的な欠陥を持っている。

改革案は既に全国指定都市市長会から「特別自治市」(特別市)として提案されている。これを生かすことだ。従来の広域自治体、基礎自治体という二層構造を廃止し、現在の道府県に包含されない「特別市」を創設するのだ。市長会の提案は道州制という表現は避けているが、空港や交通などより広域圏をマネージメントしなければならない分野を「補完性の原則」に基づき担うとしている。戦後幻に終わった特別市構想の現代版と言ってもよい。

こうしてみると、日本はすでに「州構想」実現の素地はできている。二〇政令市、約六〇の中核市をそれぞれ政令市→特別市に、中核市→政令市に格上げし、日本列島に一定距離をおいて形成されている大都市に現在の府県行政の大半を移譲した上で、内政に関わる国の本省業務、国のブロック機関の仕事、残存する都道府県の仕事を融合する形で「州」を創設し、内政の拠点とするのだ。中核市も類似の扱いでよい。さらに現在、中核市になっていなくとも十分中核市並みの機能と役割を果たしている一〇～二〇万規模の比較的大きな市にも府県行政を移す。

すると日本の統治のしくみは、戦前までの国→府県→郡（一部市）→町村という四層制が、戦後は国→都道府県→市町村の三層制となり、そしてこの先は国→州（一部都市州）→市（一部町村）に組み替わることになるのだ。

その際、都道府県の扱いも即廃止という考えもあろうが、新特別市や新政令市以外の地域の市や町村を補完するカウンティ（郡ともいう）としてしばらく残してもよいのではないかと考える。

## 一〇州十二都市州の日本型州構想

もう一つ、首都の東京と副首都に指定すべき大阪は、一般の州と同格の「都市州」にすべきだ。ドイツの都市州のようにその区域内に法人格を持つ区を包含しつつ、広域自治体の事務と基礎自治体の事務を併せ持つ、いわゆる「都制」に近い都市州。このイメージは数年前から論議されている大阪都構想に近い。人口二七〇万人の市内を四特別区に分け、中核市並みの行財政権限を与え、公選の区長と議会による二元代表制の政治機関が基礎自治をリードする。

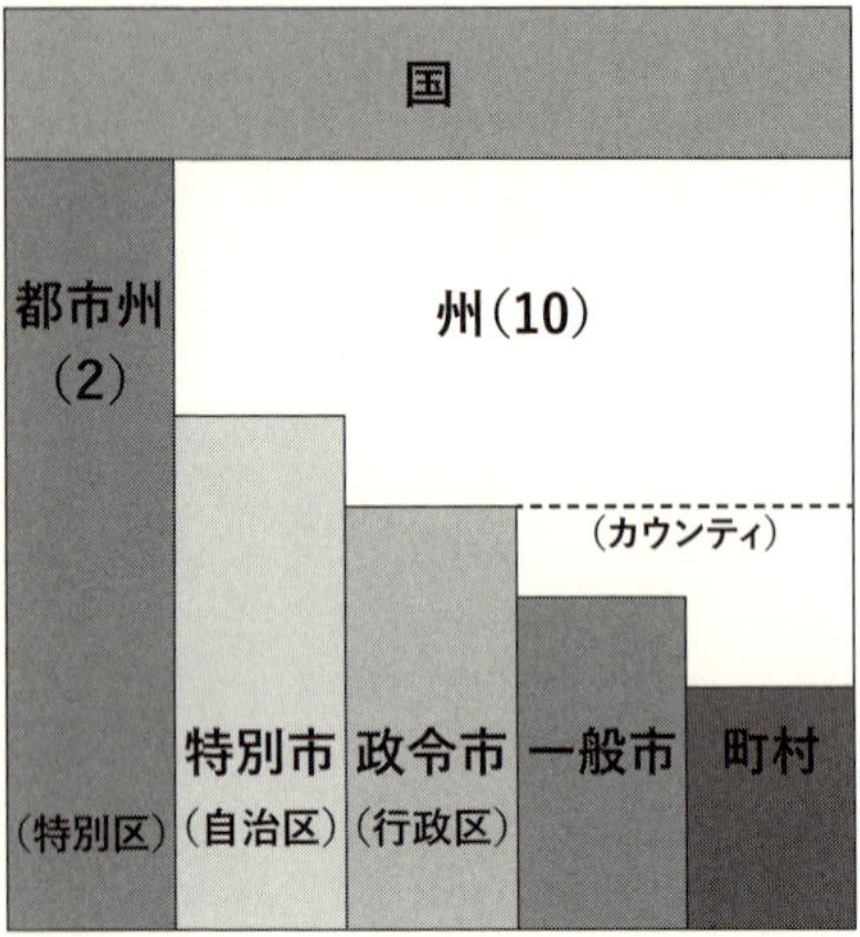


その一方で広域権限を大阪都に集中し、都知事が一元的に大阪全体をマネージメントする考え方がそれだ。これをこの先、都市州とするならドイツの都市州に近いものになる。東京も二

三区を多摩地域から分離し都市州とする。大阪都になったら旧大阪市に加え堺市、豊中市などグレーター大阪を加え特別区区域を拡大し都市州とする。全体で一〇州＋二都市州、これが私の考える日本型州構想の骨格だ（図）。

東京などを特別州にするこの考え方は、既に政府の第二八次地方制度調査会の答申でも述べている。

いずれ今後、こうした道州制論議を政争の具にしてはならない。与野党とも、人口減少時代でも子供たち、若者たちが元気に夢を持てる「新たな国のかたち」を創る視点から取り組むべき改革テーマである。

# 第3章

# 分権国家への憲法改正

## 古い統治の仕組みが阻害要因

明治維新から百五十年、戦後憲法の制定から七十年以上が経った。その日本でいま憲法改正の論議が高まっている。二〇一七年十月の衆院選の結果、自民、公明の与党勢力に加え、希望、維新など憲法改正に前向きな勢力が伸長した。憲法改正の発議に必要な衆参両院で三分の二を与党勢力が占めるという、稀にみる恵まれた政治環境がそれを後押ししている。

だが、問題は改正の中身だ。何を優先し、次代はどんな国をめざすのか。いま与党が提案している憲法改正の項目は、①緊急事態条項、②教育の無償化、③九条への自衛隊明記、④参議院の合区廃止という四つだ。さて、どうだろうか。この四つから次代の姿がみえてくるだろうか。答えは「否」だ。それぞれが既に法律で処理されていたり、財政で賄われていたり、実態として国民が認知していたり、特定地域のみで問題視されていたりといったものばかりである。憲法改正までして取り組む課題かどうか。

戦後初めての憲法改正で取り組むべき項目としては、あまりにも底が浅い。「憲法改正の入門だ」という声もあるが、国民投票まで行う憲法改正はそう頻繁にできるものではない。

そうではなくて、この国の次代の骨格を決めるのに極めて不都合な点があるとすれば、憲法改正はそれを変える機会なのだ。それは何なのか。大きな時代変化は明治以来このかた人口は増え、経済は成長し、財政も行政も膨れることが当たり前としてきた日本だが、これが二十一世紀初頭を分水嶺にパラダイム転換していること。

つまり、急速な人口減少が始まり、財政も行政も簡素で効率的な仕組みにしない限り、国民は税負担に追われ、ますます国家衰亡に追い込まれかねない。この国家構造の大変化に対し、二十世紀の古い仕組みをどう大転換するのか、そこがポイントではないか。

## 地方自治に関わる憲法改正

先述したが、とりわけ一番時代遅れになっているのが百三十年も経つ四七都道府県体制だ。馬、船、徒歩の時代に三〇〇の藩を統合してつくった四七の地域割り。それが高速交通、高度情報、ネット社会、高度産業国家に変貌した国もかかわらず、固定化した仕組みであるかのごとく後生大事に維持しようとしている。四七都道府県体制の綻《ほころ》びが露《あら》わになっているのに、幾つかの県を併せ選挙区とする参議院の合区について反対する改正論議もここにある。広域自治体の役割を果たせないほど広域化した現代でも、四七府県割を維持する意味があるのか。○○県などの県名が問題なのではない。

〝右肩上がり時代の終焉〟――言葉では分かっていても体内時計は依然〝右肩上がり〟で経済成長ばかりを政治家は言う。いま従来とは全く違う時代が始まっているのだ。この認識こそが大事だ。人口急減、経済低迷、老いる社会の到来という新たなトレンドに入った時代に、「体制の一新」なくしてどうしてうまくいくというのか。政治や行政の諸制度を一新する統治機構の大改革をやる、それが憲法改正の基本的なテーマではないだろうか。

もう一つ、中央集権体制と官僚依存から抜け出す「脱中央依存体制」への刷新も重要なテーマである。九州、関西、中部、東北といった広域圏を内政の拠点として州をつくる。多色の地域が生まれるようにし、地域間で競い合う仕組みだ。それには地域に統治権を委ね、地域圏経営が可能となる地方主権型州体制への移行が不可欠だ。分権化された意思決定の仕組みと広域的な受け皿体制の改革を実現すること、これこそが「新たな国のかたち」ではないのか。

例えば、九州州が日本再生の大きな原動力になる、そこに活路を求めダイナミズムを生み出す改革、老いる日本を新たな視点から「元気な日本をつくる」方向へ導く、それが新たな日本の羅針盤としての憲法改正の基本論点ではないだろうか。

## 分権国家への憲法改正の論点

私は二〇一七年四月二十日に衆議院憲法審査会に参考人として呼ばれ、「憲法改正と地方自治のあり方」について見解を求められた。私にとって初めての体験だったが、衆議院の憲法審査会に参考人として招致され三時間に及ぶ意見陳述、質疑の場に出席できたことは貴重な体験だった。

これまで憲法九条の改正の是非について議論になることは多いが、憲法第八章の九二条〜九五条に規定された「地方自治」に関する条項が憲法改正との関わりで問題になることはあまりなかった。しかし、今回は憲法全体の諸分野について見直すという憲法審査会の考え方に沿い、私は憲法と地方自治の関連テーマで意見を陳述した。

地方自治に関する憲法改正の基本的な論点は、幾つかの論点に集約されよう。

### (1) 分権国家の形成

第一に、地方分権の国家形成がより明確になるよう憲法に書き込むことである。

二〇〇〇年に始まる分権改革で国と地方を上下主従関係に固定してきた機関委任事務制度の廃止は行われたが、その後、どんな中央地方関係をめざすのか、あるべき国家像が不明確なまま現在、「分権改革」は止まっている。その方向は北欧型の中央地方関係、つまり国は財政調整と政策のガイドラインの提示には関わるが、それ以上には関わらないという関係をめざす。自治体が権限を行使して仕事ができるよう事務権限、税権限を明確にすることだ。

### (2)「自治の原則」の明確化

第二に、「自治の原則」を明確に書き込むことである。

これまで国は「自治の原則」より「均衡の原則」に軸足を置き、全国の均霑《きんてん》化をめざす自治体政策を採用し、ナショナルミニマムの実現を強調してきた。しかしこれは一方で、地方の創意工夫によって地域を発展させるという意欲を引き出すことには至らなかった。今後は、地域が統治主体となる国のかたちをめざすこと。それには「自治の原則」を最大限重視し、「均衡の原則」は補完的なものにしていく必要があると考える。

### (3)自治制度の選択制

第三に、「地方自治制度」の多様化、選択化を図ることである。例えば、次のとおりに。

①箸の上げ下げまで規定する規律密度の濃い地方自治法に代え、自治基本法とする
②規模、地域に関わりなく一律に適用される二元代表制を、英国のように幾つかの制度を用意し「多様化」「選択制」に変える
③議員の選挙も専門職、一般職といった多様性を持たせる
④地域主権の趣旨に沿い、各州の条例については法律に優位した条例制定権を認める
⑤画一的な政令指定都市制度ではなく、選択的な大都市制度に変えたらどうか

### (4)国と地方の役割分担

第四に、国と地方の役割分担を明確にすることである。

考え方として、身近な政府が内政に中心であるという考えから（近接性の原則）、市町村を基礎自治体と明示し、ゆりかごから墓場までの行政を基本的な役割とする。「補完性の原則」に沿って、それを補完ないし広域政策を担う役割を広域自治体（府県ないし州）が担う。国は内政に関しては補完性の原則及び国家的に統一して行うべき事項（年金とか通

貨管理など）に限定し、主力は外交、防衛、危機管理など対外政策にあることを明記したらどうか。

また憲法第九三条にある議会の設置、選挙など「住民自治」の規定は、現在のような規模の大小、地域性を加味しない一律の組織、機構の規定は廃止し、自治機構のあり方については選択制とする。州議会については広域性を加味し、市議や首長の兼務制も検討したらどうか。この点、フランスの議員制度に学ぶ点は多い。

### (5)「州構想」への移行

第五に、広域時代に対応できるよう四七都道府県体制を抜本的に改め、内政の拠点性を有する「州構想」へ早期に移行することである。

道州制については新たに「州制度」ないし「日本型州構想」という表現もあるのではないか。これまでの「道州制」は上からの道州制というイメージが強い。そうではなく、大都市や基礎自治体を基礎に置く足元から新たな州を創造するイメージをつくる必要がある。

## なぜ「州構想」が発展につながるか

先にも紹介したように、「道州」の「道」は北海道を意識した使い方になっているが、北海道州、九州州とすれば、道州という使い方をしなくてもよい。私は北海道の一七九市町村長に聞いたことがある。すると、北海道州でよいという。

事実、北海道の「道」は地名として定着しており、九州もJR九州ほか広域地名として定着している。広域圏単位で州制度移行国民会議を設置し、州移行後の広域圏のあり方を地域から構想する仕組みを取り入れるべきではないか。九州などは既に「九州の自立を考える会」を組織し、広域的な地域戦略を構想している。

国家の危機管理上、また東京一極集中の弊害を排除する面からも、新たな「国のかたち」として分権・多極型国家を明示し、首都、副首都の位置づけも明確にする。その際、首都、副首都の自治制度は、一般州と同格の「都市州」という考え方もあろう。四七都道府県体制を廃止し、新たに広域圏単位に内政の拠点となる州政府（自治体）を置く、こうした制度改革を従来道州制への移行と呼んできた。ただ、このある意味使い古された、鮮度を失った道州制という表現をやめ、私は若者にも夢を持てるような「州制度への移行」

を日本型州構想と呼んでいる。

具体的に例を述べよう。現在、日本で出生率が高いのは九州各県だが、この特性をより伸ばすために、例えばこの九州七県を一つの「州」（九州州）にしたとする。そうすれば、九州が独自の政策として海外との交流を図り、経済活動を活発化させるという展開を描くことができる。県境に位置する市町村はどこも不便で寂れがちだが、これを州にし県境を外すことで蘇る可能性がある。

福岡をハブ（拠点）空港にし、海運では北九州で韓国とのつながりを深めることも可能だし、それぞれ七県の持ち味を生かしながら広域政策として束ねていくなら経済力は数段増してくるのではないか。現在もオランダ並みの経済力を持っているが、「九州が一つ」になることでそれを遙かに凌ぐ発展が期待できる。もちろん、〝ななつ星〟の特急列車の名称のように七つの県のよさは失わずに大きく九州圏を州にすることだ。

日本海、東シナ海の対岸にはインド、中国、東南アジアという新興めざましい経済発展の地域が広がる。アメリカを対岸に環太平洋時代を謳歌した二十世紀は終わり、この先二十一世紀はアジア共同体、環日本海時代が日本をけん引する時代になる。これまで東京中心にみると九州は端に位置したが、九州からみると東京が端になる。この先は日本経済の中心に位置することも可能だ。

「九州の自立を考える会」は、二〇一四年に次のような「九州の成長戦略に係る政策提言」をしている。


九州が高い潜在力を有し、産業と雇用の創出効果が高いと思われる分野として、①観光振興、②農林水産業の経営力強化、③先端中小企業の育成とエネルギー供給戦略、④空港、港湾等の機能強化その他インフラの整備、⑤スポーツの振興、スポーツ関連産業の育成等の五つの柱を設定できる。うち、①の例で言えば九州各県、各都市等の地域連携と競争による「観光王国九州」ブランドの確立が可能である。


まさに府県制のくびきを解き放した瞬間、新たな九州が顔を覗かせるという訳だ。

九州の観光資源は豊かである。ななつ星という独自の高級な寝台特急が人気を博している。この試みはいまや日本各地の広域JRに波及し始めている。九州は今後、伸びていく潜在力が高い。ただ七つの県に分断されるいまは、その潜在能力が十分生かされていない。

それが州制度への移行で大きく変わる可能性が高い。巨大なアジアの市場への至近距離に立つ九州だ。これが一つの九州として独自の政策展開ができるようになると、飛躍的に成長する可能性は高い。

## 「州構想」移行への手順

その「州構想」移行には様々な賛否両論、甲論乙駁《こうろんおつばく》があり、利害関係者も多いので集約には時間がかかると思われるが、しかし、それを改革の俎上《そじょう》に載せることを避けていたのではいつまで経ってもこの国は変わらない。変わらないどころか衰亡の道を辿る。

人口減少が加速し、財政上の債務累積も限界水域に近づく中、「州構想」改革は待ったなしと考える。憲法改正においても優先順位の高いテーマである。

もとより課題はたくさんある。政治的に言うと、こうした統治の仕組みの大胆な改革を推進できる強力な与党勢力、内閣をどう形成するかが基本的な課題となろう。それぞれ準備ができたところから州制度に移行するという選択肢もあるかもしれない。ただ日本の成り立ちからすると、各地の主体性は認めるとしても連邦制国家ではない、単一国家として最低限の統一ルールは創り、一斉に移行する方が望ましい。

政府の内閣官房に参与を置き研究会を始める。「州構想」国民会議を立ち上げる。併行して各ブロック圏単位に「州構想」ブロック国民会議（九州州構想国民会議）を立ち上げ、その意見を集約するかたちで日本型州構想への移行を法的に準備する。そのための基本枠を近く行われよう憲法改正の中で位置づける、という制度移行の手順が想定される。

時々作家の堺屋太一氏からお話を伺うことがあるが、氏は統治機構改革の必要性をよく次のように語ることが多い。

「いまの日本の基本的な構造は一九七〇年代からの官僚主導でつくられたと思う。官僚は東京一極集中や正社員中心の労働形態、さらに人生の規格化まで生み出した。若い人たちは就職をして金をためてから結婚し、小さな住宅を買う、という生き方が普通になった。

でも、昭和時代の終わりから経済は失速し、低成長になり若い人たちはもう車やブランド品を欲しがらなくなった。将来への不安があるから夢も抱きにくいのです。この三度目の敗戦状態から日本をつくり直すのは、東京五輪後の二〇二〇年代の仕事です。

団塊の世代は七十歳代後半に突入していきます。彼らが日本を繁栄させてきたが、年金や医療費などの社会保障費を膨らませ、繁栄を食いつぶして去っていく。問題は、その後なのです。荒涼たる日本が残るか。それとも新しい楽しみが生まれるか、そこがこれからの正念場です」と。

## 「州構想」移行は不可欠だ

私はこの見方が大事だと考える。働き方も若者のニーズも変わってきている。「新しい楽しみが生まれるか」との問いが大事だと思う。

もうこれ以上、国民に増税や保険料増などの負担を強いるのではなく、むしろ各個人の可処分所得を増やし各自が自由に使えるおカネを増やすべきだ。これは資本主義の当たり前のことだが、行政の領域を増やし役所に納めるカネを増やせば増やすほど、ムダなカネの使い方が増える。

公務員経験のある私が言うのも何だが、役所は「他人のカネを、他人のために使う」システムであり、どうしても「他人事のような使い方になる」可能性がある。民間や一般の生活者がそうであるように、〝自分のカネを・自分のために使う〟、この「民の論理」の方が、遙かに効率的・効果的なカネの使い方が行われる。

役所の「他人事のようなカネの使い方」、これは洋の東西を問わず官僚制の欠点とされるところだ。だから、あまり政府を肥大化し、予算を大きくし、組織を複雑にし、公務員を増やすということはすべきではない。個人や企業で解決できない「公共」とされる領域は拡大しても、その解決者を役所に独占させる、税で処理する、そうした時代は終わっている。

急速に進む人口減少、改革なくしてどんどん借金だけが累積する国家経営だ。そして馬、船、徒歩の時代の四七の区割り、グローバル化が進む中で依然として国民主体、地域が主体とならず、国が箸の上げ下げまで主導する中央集権的な政策の進め方。これを変えない限り、この国、各地域に元気は生まれない。

人口減少時代の地方を活性化し地方創生を図っていくには、私は日本を州制度へ移行して再生する「日本型州構想」の実現が不可欠だと考える。

言うまでもなく「地方創生」は、内政の重要課題である。それに処方箋を用意し、直面する現実問題に対峙し、問題解決を図っていかなければならない。だが、即効薬を求めるだけでは問題の本質は解けない。大きな国家の舵取り、進むべき見取り図を示し、強いリーダーシップでその国のあり方を方向づける、それが政治の基本的な役割である。日本丸をしっかり舵取りしていくことだ。それができるような政治体制を構築する必要がある。

憲法改正もそうした視点から構想されなければならない。

第4章

# 新たな参議院の姿を問う

## 存在意義の問われる参議院

日本の国会はあまりうまく機能していない。熟議もなく質疑応答も紋切り型で紙を読み合うスタイルで、挙げ句の果ては最後は強行採択という形すらある。閣僚も軽い人材ばかり並ぶようになってきたが、選挙を通りさえすれば議員になれる、どうもそこがおかしいのかもしれない。

選挙を通れば「代表」には違いないが、しかし候補者段階で吟味する仕組みがほとんどない日本だ。予備選で揉まれ候補者が選ばれるアメリカなどと違い、風に乗って一瞬のブーム、弾みで通る人が多すぎないか。政治家は消耗品だという見方もある。確かに役人と違い使い捨ての要素はあるとしても、その役割は重い。予算、法律、条約などを決める。

「国会改革」は掛け声ばかりで成果の乏しい課題の代表格だ。衆参両院で多数派が異なる「ねじれ国会」は、二〇〇七年以降に深刻な国政の停滞と混迷の一因となった。本来ならば旧民主党の幹部も政権運営を経験したからこそ、衆参両院の役割分担など議会運営のあり方を考える格好の機会なはずだ。

だが、実際はほとんど動きがない。そもそも政治家自身が自分らにふさわしい土俵のあり方を決めるのは無理ではないか。一票の格差是正は定数を増やしてしかできないとか、広域代表でよいと思うのに合区については廃止して狭域代表にしようと目論む姿をみれば分かる。

予算の成立と条約の承認は憲法に衆院優越の規定がある。だが法案を参院が可決しない場合は、衆院が三分の二以上の多数で再可決するしか道はない。首相の解散権も参院には及ばない。二院制を採用する諸外国の上院と比べても、日本の参院の権限は大きい。

そもそもは政権選択は衆院で行い、参院は「再考の府」「良識の府」としての異なる視点からの審議が期待されている。例えば、衆院は予算案や法案の中身、参院は決算や行政監視に重点を置くような制度設計と運営方法を検討すべきだと思う。

ただ私は、中央政府内の運営における衆参のあり方という狭い考えより、中央・地方を含む国家運営のあり方として二院制を捉え直してみること、そうした視点から参院のあり方を構想すべき時期にきていると思う。これについては後述するが、ドイツ型の第二院のあり方、国政をチェックし、地方の政治参加の砦になるような参院を実現する改革方向が望ましいのではないか。集権国家から分権国家をめざす日本の統治構造の変化に合わせた参院のあり方は、そうした方向にあると考えるからだ。

## 改めて問う「良識の府」とは

よく衆議院は常在戦場と言われるが、それをきちんと修正するのが参議院の役割だ。だから「良識の府」と言われ、存在意義がある。「衆院選で落ちても参院選があるさ！」と二院を渡り歩く「風《かぜ》議員」がいるが、その人はいったい何をしたいのだろうか。もう一つ、地方分権時代には違うジャンルから「参議院」の構成を考えたらどうか。衆議院のカーボンコピーと嘆いている時代は終わった。分権時代にふさわしい新たな参議院の姿が問われている。

明治以来、日本は「欧米に追いつけ・追い越せ」を目標に、日本官僚制がフル回転する中央集権体制でそれを実現しようとしてきた。さいわい二十世紀末にそのキャッチアップを終え、世界有数の経済大国になった。だが、国民生活には依然豊かさの実感はない。

地方創生や働き方改革などいろいろ試みているが、東京一極集中は止まず、地域格差、正規非正規の労働格差、子供ら貧困層の増大など生活格差はむしろ拡大の方向にすらある。この先、未曽有の人口絶対減少期に入る日本では、縮小圧力が全般的に強まる危機が迫ってこよう。

どうすれば、ゆとりある豊かな暮らしを実現できるのか。そうした視点から日本全体の統治の仕組みを総点検すべきだ。クルマでも建物でもフルモデルチェンジが必要な時がくる。国家体制もそうだ。全国に統一性、公平性を実現し、国が強い指導力を発揮する中央集集権体制は二十世紀にフル回転した。しかし、都市国家、高学歴化、第三次産業中心の成熟した経済社会に変わった日本は地域も多様化し、価値観も多元化している。一つのモノサシで全国を仕切ってもうまくいかない。むしろ、身近な政府が多様なモノサシでスピーディに政策形成を行える体制に変えることが望ましい。地方分権体制へのフルモデルチェンジが必要な基本的な理由はそこにある。

もとより、これまで二〇〇〇年に大きな地方分権改革に挑むなど統治の仕組みを変えるべく努力してきた点は否定しない。国と地方を上下関係に押し込めてきた「機関委任事務制度」は全廃され、国の通知、通達での関与もできなくなるなど、業務面での自治体裁量権は拡大した。都道府県、区市町村とも自治事務（固有事務）がそれまでの三割から八割近くまで飛躍的に拡大したことは事実。その点、確かに自治体の裁量権は増した。

しかし、税財政の分権化に踏み込めず、現在に至っては、地方分権改革は息切れの観が強い。否、事態は再集権化へ動いているようにもみえる。「地方創生」のやり方が一例だ。地方創生自体は極めて重要だが、しかしいまのやり方は国主導に地方が粛々と従う集権型地方創生の色彩が濃い。地域の内発力を高めるものとはなっていない。自治体も各省補助金や交付金メニューに一喜一憂し、その獲得に奔走している。かつての陳情・請願政治への回帰だ。特定地域の規制緩和を図る国家戦略特区という手法も、加計《かけ》学園事件の顚《てん》末《まつ》に見る通り、分権化から程遠い。集権化の域を出ていない。

改めて地方分権の第二の矢を放つ。そうした大きな戦略を組み直す時である。

## 一九四〇年体制も阻害要因

もう一つ、戦時体制に形成された古い中央集権体制が私たち日常生活の隅々にまで及んでいる点だ。いわゆる「一九四〇年体制」と言われるもので、終身雇用、年功制、直接金融、官僚統制、天下り、源泉徴収、補助金など多くの制度は、実は戦時下の一九四〇年前後に形成されたものだ。それを、戦後中央集権体制を維持する道具として使い、人々は何の疑いもなくその環境下に慣れ暮らしている。

例えば源泉徴収制度。世界にあまり例のないこの仕組みは最初からあった訳ではない。戦前の税体系は地租、営業税など伝統的な産業分野への外形標準課税が中心で、地方財政もかなり自立性が高かった。しかし戦時体制下、戦費捻出をねらいに一九四〇年の税制改革で給与所得の「源泉徴収制度」が導入され、給与の発生源を押さえ即課税し、税務署に納める制度となった。確かにこれで給与所得は完全に捕捉され、徴税率は大幅にアップした。しかし何のために税金を納めるのか、国民の納税者意識は眠ってしまった。欧米のように税金は本来本人が申告して納めるのが原則だが、税申告の機会を失った国民はその使い道を決める政治参加への意欲も失せていく。議会制民主主義は「参加なければ課税なし」が出発点だが、市民革命もなければ納税者の反乱も経験しない日本は、魂の入らない学習民主主義に過ぎない。国民の納税行為が手のひらにない。年貢《ねんぐ》のようなものだ。

税財源が中央集権化し、それを特定補助金として地方に配る、補助金により自治体行政をコントロールする仕組みもこうした中で確立していった。また、一九三〇年代半ばから多くの業界に「業法」がつくられ、事業活動への国家介入が強まる。「統制会」と呼ばれる業界団体がつくられ官僚統制の道具になり、企業は国家目的のために生産性を上げるべきと考え、行政指導が大きな力を持つ。もちろん「通産省の奇跡」とも言われるように、自動車産業の育成など高度経済成長を演出した官主導による産業政策が功を奏した面は否定しない。

しかし、いまや時代が違う。民間の自由な経済活動を様々な規制と行政指導が阻んでいる。分厚い岩盤規制にドリルで穴を開けると首相は言うが、岩盤規制を与件と捉えているところに問題がある。与件と捉えるのではなく、岩盤規制そのものを廃止するのが政治の役割ではないのか。政治家がやらずして誰がやる。官僚組織を動かすのは政治家の役割だ。それには政治家に実力がなければならない。

## 参議院を地方の〝砦〟にすべきだ

地方分権の国づくりの観点で言うと、いまの参議院のあり方は問題だ。衆議院のカーボンコピーと揶揄される。衆参がねじれていた時はともかく、衆参とも自民党が過半数を占めると「同じことを二度やる」国会システムに堕してしまう。参議院の立ち位置、役割を見直す時である。

「地方分権」と言うと行政権を国から地方に移すことと考えがちだが、そうではない。もちろん、そうした面はあるが、それより自治権の拡充にとって重要なのは立法権の移譲である。この立法権の移譲は政策・制度の企画立案権の移譲と言い換えてもよい。この制度・政策の企画立案権を国から自治体に移譲するにはどうすべきか、分権改革の基本をなす課題がここにある。国、地方の立法府のあり方を根本から見直すべきだ。

それには中央集権的な法令がこれ以上増えることを抑制し、地方自治を不当に制約している既存の法令等の改正を進めることが不可欠だ。これをより確かに実現していくためには、国の立法過程に自治体の意見を有効に投入できる恒常的な仕組みをつくる必要がある。「参議院を地方代表の砦」にすべきだという考えはどうか。行政学界の重鎮、東大名誉教授の西尾勝氏も強調する点だ（『地方分権改革』東京大学出版会、二〇〇七年）。私もその考えに近い。

そのヒントはドイツにある（以下ドイツ、フランスの説明は西尾氏の前掲書参照）。ドイツには一院制の連邦議会とは別に、副次的な立法審査機関として各州の代表で構成される「連邦参事院」がある。連邦議会を通過成立した内政事項に関する法案は必ず連邦参事院の審査に付され、この連邦参事院で修正・否決された場合には、この法案は連邦議会の再議に付され、その再議決によって確定する仕組みとなっている。つまり連邦参事院には連邦議会の議決を拘束するまでの権能はないが、これをけん制する権能が賦与されていると いう訳だ。フランスの国会は日本と同様に二院制だが、その上院の議員は地方議会の議員の間接選挙によって選ばれ、国会議員を地方議員が兼務するかたちになっており、上院は事実上自治体の代表者で構成されている。

これらをヒントに日本の参議院改革を考えると、一つの方向がみえてくる。これまで日本は二院制を採りながら、参院は衆院のカーボンコピー（特に衆参の多数派が同一の場合）とか、良識の府、再考の府と言われながら第二院の独自性がなかった。無用の長物、不要論すら見え隠れしていた。逆に少し前のように衆参ねじれだと、参議院の結果で政局が動くなど参議院が異常に強い権限を持つかたちとなり、衆院優位を前提とする議院内閣制が正常に機能しなくなると批判されてもきた。議院の構成勢力の差で二院制が機能したりしなかったり、過剰に参議院の存在がクローズアップされたりと不安定だ。

この状態を脱し、立ち位置のハッキリする参議院にどう変えたらよいか。

それには二院制を前提に参議院議員の選挙制度を改め、参議院の権能を限定することによって、その第二院の存在を明確に位置づけることだ。首長経験者やある政党などには参議院を廃止し一院制にすべきとの意見もあるが、独裁政治に走る可能性を否定できず賛成できない。そうではなく、二院制を前提とする参議院改革として、例えば参議院議員の選出母体の半数はフランスのように地方議会の代表が構成するよう間接選挙で議員を選び、もう半数は地方自治に造詣の深い有識者、ジャーナリストなどから選出される有識者選出の議員で構成する。地方分権を国政で担保する仕組み、これなら「再考の府」にふさわしい存在となるのではないか。

西尾氏は一つの選択肢として「参議院を廃止し国会を一院制に改める方法である。（中略）国会とは別に副次的な立法審査機関として自治体代表者から構成される地方自治保障院（仮称）を新設することにしてはどうであろうか」「いずれにせよ、国会議事堂の中に『地方自治の砦』を築きたい。これは私の夢である」（前掲書）と述べている。ここでいう一院制という制度設計はドイツに近い考え方で私の考え方とは違うが、しかし同氏の言わんとする国政の立法過程に「地方自治の砦を築く」という考え方には私も賛成だ。参院は「地方代表院」の性格を強めるべきだ。

日本の行政活動の三分の二は地方が担っている。今後、参議院の特徴は地方の国政参加の場とする、それが第二院の改革方向ではないか。日本を州制度に変える場合、なおさらである。

第5章

# 東京一極集中をどうする

## ちぐはぐな東京一極集中の抑制策

日本を歪めている一番大きい問題は「東京一極集中」である。国土面積のたった一%に人口の一割、経済、政治、情報等の中枢機能が一点に集まり、集中が集中を呼ぶメカニズムが働く。こうした状況に対し、政治家を含め世の中ではみな口を揃えて「東京一極集中」は問題だと言うが、その割に問題の解決は一向に進まない。現在、国の成長戦略は分散よりむしろ集中、東京への経済一極集中で乗り切ろうとしているようにもみえる。

いまから十数年前、首都機能の移転論議が高まり、首都東京が大きく変わるかに見えたが、移転にカネがかかる、首都の地位を失う危惧への政治的抵抗もあって、立ち消えになった。高度成長期に工場等制限法を制定し、東京区部から工場や大学の追い出しを図った集中抑制策もバブル崩壊後、都心が空洞化したとして、これ自体廃止されている。いま東京一極集中は緩和よりむしろ加速の方向にある。

そこに唐突に出てきたのが、地方創生の名のもとに「大規模大学の区部新規立地・拡大抑制」を十年間行うと言う。だが、あまりにも猫の目策の観が強い。要は打つ手を持たないが世の批判を躱《かわ》すために窮余の策として出しているに過ぎないのではないか。なぜなら若者の志向は地方大学に向かう方向にはないからだ。むしろ早慶明中立青などの大手の大学は東京校を二割減反し、地方にその分を分校化（早大札幌校、慶大熊本校など）して振り分けたらどうか。有名大志向の若者気質を損なわないで東京の大学減反ができる。ここを政府は支援したらどうか。

いま政治は表向き集中抑制と言いながら、実際は一極集中が進む仕掛け（促進）を次々と行っている。二〇二〇年の東京五輪が終わると、レインボーブリッジを望む埋め立て地につくっている高層の選手村（東京湾岸の晴海ふ頭）が民間マンションとして売り出される。五〇階建ての超高層二棟を加え、高層住宅五六五〇戸もの供給だ。これは二〇一七年に都内で供給された分譲新築マンションの二割に当たる規模で、中央区の人口が約一万二〇〇〇人に増えるそうだ。さらにその近くに超高層マンションが五棟も建つという。

## 高層建築ラッシュで都心集中が進む

こうした東京都心に高層ビル、マンションがどんどん建つようになった背景には約二十年前から政府の都市再生策としての規制緩和が効いている。バブル期にどんどん人を追い出しビルを建てたが、一九九〇年代初めのバブル崩壊後にビルの価格も暴落し大量の不良債権が発生した。その対策として二〇〇〇年初め当時の小泉内閣、石原都政は二人三脚で土地の値段を上げ銀行の不良債権問題を解決する都市再生策を講じ、大胆な建築規制の緩和と金融緩和を進めた。特に東京の都心部から人が出て行き人口の空洞化が進んだことを問題視し、都心各区は区立住宅をつくり居住手当の割り増し策なども必死に行った。

その大胆な規制緩和の効果というか、結果として山手線内側には次々と高層ビルが建ち、この二十年間で東京区部に年平均一〇五万平方メートルの大規模オフィスが供給され続けている。いまやニューヨークのマンハッタンを超える様相にある。東京都中央区などは高層マンション建設ラッシュとなり、この二十年間で人口は一〇万人近く二倍も増え、区民全体で一六万人を超えたそうだ。しかし、幼稚園・小学校不足などインフラ整備が追いつかない。

## 「東京政策」なし、放置が何を生むか

いま日本の政治に一番欠けているのは、こうした構造的な問題に対し中長期の観点から「この国のあり方」を真正面に議論しようとする風土のないこと。政治の怠慢である。

東京をどうするかという場合、三つの面から問題を捉えなければならない。一つ目は東

京にヒト、モノ、カネ、情報が量的に過集中し国内で突出している一極集中の面、二つ目は東京の国際競争力が低下し極東アジアの一都市に転落しつつある面、そして三つ目が巨大都市でヒト、インフラが急速に老いる、いわゆる「老いる東京」問題の面だ。

この過集中、過集積が国のかたちを大きく歪め、危機管理上も国家経営上も大きな問題となっている。ボリュームの巨大な東京が〝老いていく〟とそれを賄うコストが膨大で、このこと自体が日本最大のリスクであり、国民は大きな負担を負うことになる。

もっとも、この三つの面はいずれかを解決しようとすれば、他方らが解決できないトリレンマに立つ。小池百合子都知事が主張するように東京の国際競争力を強める策（国際金融都市づくり）に出ると、国内的に東京突出が強まってしまう。それを容認するとさらに老いる東京問題で苦しんでしまう。こうしたトリレンマに立つ東京問題、これをどう解決するか、極めてむずかしい課題だ。

ただ言えることは、いつまでも東京が日本の機関車であり、東京だけに頼ろうとする二十世紀型発想を変えることだ。日本全体の力を引き出す国づくりに方向転換すべきで、いつまでも東京、東京と言っている時代ではない。誰もが人口減少を問題にするが、出生率が極度に悪い東京に人を集めれば集めるほど日本の人口減少は加速する。人口増は地方に頼る時代だ。人口減で労働力不足が心配というが、日本の潜在力からすれば、AI、ロボット、ハイテクなど新科学技術の開発でそれは克服できる。技術立国に自信を持て。

この百五十年で四倍近くにも膨れた人口数（約一億二八〇〇万人）を与件とし、あたかもその減少が国力低下につながるというが、そうだろうか。予測されるように人口が三分の二に減っても、実は豊かな日本はつくれる。GDP五〇〇兆円をゼロ成長で八十年間維持すれば分配率は高まる。日本の人口問題は絶対数の問題ではなく偏在の問題、極端な大都市への一極集中が問題の本質だ。この一極集中のメカニズムを分析することなく、絶対数だけを増やそうと躍起になる政治の議論に大きな違和感を持つ。

戦後日本は、道路、鉄道、空港、情報網の高速化などハードインフラの整備に力を注いできたが、一方でそれを司るソフトインフラ（意思決定）の分散、分権化を怠ってきた。全国レベルの意思決定、高次中枢管理機能を東京に一点集中させたまま、ハードインフラの整備を先行した結果、ねらいとした地方分散も職住近接の社会も実現せず、逆にストロー効果で全ての果実が東京に吸い寄せられる結果となった。ここに群がる企業、マスコミ、大学、研究機関が膨大な集積を形成し、東京はマンモスのように肥大化した。

統計上、国税の四割は東京地域が納めているかたちとなっているが、これは地方の工場、支社の稼ぎを本社が集約しているに過ぎない。何も国民の一割に当たる都民が他より四倍稼いでいる訳ではない。

## なぜ、企業本社は東京に集まるか

現在、大企業の七割が東京に本社を置く。なぜそうかと聞いたら、①仕入れ・販売など取引に有利（四二%）、②国など行政機関との接触に便利（二〇%）、③金融取引に有利（七%）、④自社の支社・営業所・工場の統率に便利（七%）、以下「他社の動きがよく分かる」「優れた人材を得やすい」「企業イメージを高める」などがメリットだという。本社組織は企画、人事、営業、経理、財務、広報部門で八割と間接部門が大半を占め、逆に製造、輸送、研究、技術などモノの生産に直結する直接部門は郊外ないし地方に置く企業が多い。

人間の頭脳に当たる中枢管理機能は都市の発展に伴い、中枢的なものからサービス業に近いものまで分化し、さらに産業の高度化で低次、中次、高次のヒエラルキーが形成される。特に高次機能は特定の極点に集積する。集積が集積を呼ぶメカニズムが働き、ますます極点の集積を高めるよう作用する。それが東京一極集中メカニズムの本質だ。

これは企業だけではなく他も同様だ。日本の政党本部、内閣・各本省、国会、キー局を持つメディア、有名大学、特定大学の学閥支配、シンクタンク、各競技団体本部なども構造的には同じである。日本の一六〇兆円規模の行政活動は三分の二が地方の自治体で担っているが、しかし多くの政策決定権は国の各省が依然握ったまま手放さない。中央集権体制の本質がここにある。日本の行政全体は霞が関で仕切っている。

では、東京一極集中を根本から解決するにはどのような方法があるか。よく「政官財」というように、日本の意思決定は政界、官界、財界が鉄のトライアングルで結ばれてなされている。これを解体しない限り東京一極集中は止まらない。一極集中をより強めよという論者もいるが、日本の不均衡発展や人口減少が国土のいびつな利用に起因しているとの認識からすれば、中枢管理機能の分散、分権化を図る方が有効とみる。ビジネスチャンス、若者ら雇用機会の分散促進には、まず「政」「官」の一極集中構造の解体、分権・分散化が不可欠だ。経済界、「財」はそれに連動して動く。国土の均衡ある発展を諦めてはならない。

これまで言われながらにして実現していない政治行政の高次中枢機能の分散再配置、その三つの方策は、①徹底した地方分権、②首都機能の分散、③「州構想」の実現にあろう。実はこの三つの方策をバラバラではなく、一つにまとめ実現する方策が「廃県置州」なのだ。卸売業が中心の四七都道府県に代え、約一〇の広域州に日本を再編し、それぞれ州政府が内政の拠点として自立するよう分権化する。首都機能の分散だし、これで各州各地は競って活気づく。

「廃県置州」、それは明治維新から百五十年、日本が挑むべき基本的な構造改革のテーマだ。小手先の省庁再編などでは東京一極集中も人口減少も止まらない。抜本的な分権分散型国家づくりで人口減少も緩和され、日本全体が元気になる。過疎を逆手に新たな勃興も始まる。経済だ！　景気だ！　と目先の動きに一喜一憂する政治はもう終わりにしたい。明治維新、戦後復興に次ぐ、第三の「新生日本づくり」はこれからだ。そこに政治は本腰を入れて挑むべきだ。

## 「老いる大都市」が日本最大のリスクになる

東京、大阪、名古屋の三大都市圏に五割の人が住んでいる。この先の少子高齢化で何が問題か。

先に少し触れたが、一番人口の多い東京、一都三県の東京圏の問題はどうか。これまで東京は若者や働き盛りの人で溢れる都市イメージだった。

だが、間もなく東京圏に住む三五〇〇万人のうち一一二〇万人が六十五歳以上の高齢者となる。東京も三人に一人が高齢者となる。このボリュームの大きさと急速な高齢化が何を引き起こすか、前例がないだけに想定を超えた問題が起きよう。人だけでなく、建設から五十年以上経つ道路や橋、トンネル、学校、公共施設など都市インフラも老いる。人口減少に伴い郊外周縁から限界集落化も始まろう。

これからの「老いる東京」問題のポイントは四つある。

第一の問題は「東京のスラム化」が進むことだ。少子高齢化の進行は経済成長を鈍らせる。貯蓄率が低下し、都や区市町村、民間ともインフラの建設、更新がむずかしくなってくる。そうなると東京の街がスラム化する恐れがあり、広い意味でのホームレス対策も広範囲に及ぶことになろう。貧しい老人で溢れる東京、こんな姿は想像したくないが。

第二は「極としての東京の劣化」が進むことだ。この先、大幅な増税か大幅な行政サービスの削減を行わない限りこの国は維持できないが、これまで東京の稼ぎを地方に回していた地方交付税を東京のために使わざるを得なくなる。すると地方都市も同時に苦しくなる。点のような東京に頼るだけでなく、多極分散で活力を取り戻すべきだ。

第三に「生活環境の劣化」が進むことだ。下水道など大規模インフラは人口減などが歯抜けでも規模縮小はできず採算が悪化する。既に東京の西部JR青梅線で起きているが沿線人口の大幅減で鉄路の減便、路線廃止、路線短縮が始まる。すると住宅地としての価値が失われる。関係自治体は財政難に陥り、負のスパイラルが進む可能性が大だ。

第四に国際地位の低下で「東京の中流都市化」が進む。日本の株式市場、外国為替市場は既に海外で形成された相場を反映するだけのミラー市場に転落している。東京が極東アジアの一都市に転落しているが、どうすれば経済力を回復し選ばれる都市になれるか。これはインバウンド（観光客）を爆発的に増やすという方法ではなく、質の高い国際金融都市の方向で上流都市化をめざすことだ。観光客を増やすと混雑も増すことになる。

いずれ、東京、大阪、名古屋の三大都市は人口の多くを集めながら「老いて」いく。三大都市に依存した日本の国土政策は人口増時代も問題だったが、人口減時代はもっと問題だ。一説に「東京をもっと強く」という考えがあるが、そうした集中政策が限界にあることを大都市の今後は暗示している。発想の大転換が必要な時である。

## 東京はこうして減反すべきだ

「東京をどうするか」、これは裏返すと「日本をどうするか」に直結する話だ。まずいままで全く議論されていないが、東京減反には全国の新幹線、高速道路の利用料金を普通電車並みに大幅に下げたらどうか。これを国の負担とするが、地方交付税一七兆円のうち五兆円程度を回せばできる。つまり移動時間は短いが移動コストが高すぎるのがネックだから、これを外すと若い人たちも地方へ向け自由に動くようになる。東京減反は実現できる。

東京集中のメカニズムをみると、東京への人口移動が一番進む時期は若者の進学、就職時期。東京が地方から進学や就職で若者を吸い上げることが、日本の人口減少に拍車をかけているのは紛れもない事実だ。本来、地方で子育てすべき人たちまで吸い寄せて地方を消滅させる。それだけでなく、東京に集まった若い世代層にとっても子育て環境が悪く出生率はワーストワン。結果的に日本全体の人口をひたすら減少させていく。出産や育児のしにくい東京がひたすら人口を飲み込んでいく、これを人口の〝ブラックホール〟現象と呼ぶが、どうすればこれにストップをかけられるか。

大きく捉えれば、この課題は戦後日本が取り組んできた解決できない根本問題だ。この解決には、基本的にハードインフラの高速化のみでなく、それを上回るスピードでソフトインフラ（各種の高次中枢機能）の分散、分権化を進めることだ。ヒトも企業も地方へ移転するよう税制や補助金政策を通じて政府は後押しする。それに加え、首都機能の分散、そして本書で繰り返し述べているように「州構想」移行による「廃県置州」の断行だ。総じてこれは、東京減反政策につながる。

世界都市東京をめざし、もっと高密度の東京へステップアップすべきだという意見もある。強い東京を創ることに異論はないが、そこだけをみると方向を間違う。しかも東京の限界生産性は相当下がっている。この先の「老いる東京」問題の解決にも、地方の過疎化を止めるにも、むしろ「東京の適正規模化」を図る方が双方によい結果を生むのではないか。「東京減反計画」「東京縮小計画」の実現だ。Ｕターンや I ターンなどで東京から地方に飛び出そうとする人を支援する。全国の自治体や企業と手を組んで各地の魅力を東京に暮らす人たちにもっと宣伝する。東京がどれだけ吸収するかではなく、若者をどこまで放出したかを数値目標を掲げて示す。年次計画を立てるのもよい。人口分散の進捗度を公表していくのも一つの手ではないか。

## 大手私大は定員の二割を地方へ

私は若者を吸引する東京の大学のあり方についても、一つの考えがある。政府は突然だがこの十年間、東京区部での大学の新増設は認めず、また大学の定員管理を徹底し、抑制縮小する方向を打ち出してきた。ただこれは長年学生を預かってきた経験からすると、果たして若者の感性、ニーズに合っている政策かなと首をかしげたくなる。大都市の大学減反政策は一つの手であることは確かだが、方法が違うのではないか。

若者たちが抱いている「大手の有名大」で学びたいという欲求と、大都市の人口抑制を両立させる方法はないか、もっと知恵を働かせてみたらどうかと思う。

例えば、早・慶大や明・青・立・中・法大など伝統ある大手校に働きかけ、総定員の二割か三割を地方分校（慶大北海道校、早大九州校など）の創設で振り分けるかたちの「東京減反」を行った方がよいのではないかと考える。

すぐにはできそうもないと思うかもしれないが、一つのアイディアを早大が出してきた。「早大の基幹理工学部が推薦入試で北九州などの高校生を対象に一〇人程度の特別枠を定め、入学後一～三年生は東京のキャンパスに通うが、四年生や大学院生は北九州のキャンパス（同大学院情報生産システム研究科）で学ばせる。地元企業との連携研究を深めるとともに、学生の地元への理解を深めてもらい、地元の就職につなげる」というのだ。

おもしろい発想ではないか。東京の大手私大でも年々首都圏出身者が増え、かつては慶應大だけだったが、早大でもその出身が七割を占めるのが現実だ。私の所属していた中央大でも女子学生と首都圏出身者が大幅に増えている。かつて、地方から多様な学生が集まってにぎわった大学の風景も一変しつつある。そうした中、地方で活躍する人材を育成するには就職時期を控えた学生に「地方を理解させる」のが一番だと思う。

私の考えは、できれば地方出身の特別枠で選抜し地方へ囲い組むかたちで返すのではなく、首都圏出身にも特別枠を設定し、入学後、地方で学ぶ機会を早大方式でつくるということ。こうすれば、地方の魅力を感じて地方就職が進むのではないか。かつて日本には高校時代の青春を地方で過ごす旧制高校のシステムがあり、その後、東京ほか大都市の帝大に進んだ学生らが再び地方への就職をめざした時代があった。これは人材の分散に効果抜群だった。地方のよさを青春期に体験させ、地方との関わりを増やす、案外こうしたところに地方分散、東京減反の活路があるのではないかと思う。

いずれにせよ、東京政策は事実上、無政府状態に近い。東京都に任せると言えば、都政は自己増殖を図る道しか選択しない。国に任せると言えば中央官僚の居心地のよい中央集権体制を温存するための一極集中しか選択しない。そうではなく、ここは思い切って政治の力、地方重視の分権派政治を強くするしかない。

# 第6章

# 大阪を副首都にする

## このままだと東京はもっと膨張する

新たに副首都を形成することが首都（東京）一極集中の流れを大きく変え、首都直下地震など大災害から国を守る危機管理につながる。そのことは多くの人が分かっている。

しかし、なぜか国を挙げてそれに取り組もうとしない。数年前、地方創生の一環として政府機関の地方移転を打ち出した際に四二道府県から六九機関の移転提案があり、うち三四機関を検討対象にしたはずだが、実際に移転に結びついたのは一つだけ。職員二五〇人規模の文化庁を京都に移すという程度の話だ。もとより文部科学省所管の「文化庁」は大事な役所だが、高次中枢機能を有している訳ではない。

地方創生の一環とか理由づけはよいが、東京一極集中対策としてこの程度でお茶を濁すようでは首都機能移転の本気度は感じられない。東京一極集中に対する地方の不満を和らげ、要求を聞くことで「不満のガス抜きをする」といったレベルではないか。

本当に首都の中枢機能を分散し、分極型の国土形成をしようというのなら、地方からの陳情、要望に応えるという受け身ではなく、きちんと国家としての移転ビジョンを掲げ、それに対し地方から意見を聞くべきではないか。

大阪はいま、二〇一九年の二〇カ国・地域（G20）首脳会合開催、カジノなどIR誘致、二〇二五年国際博覧会（万博）の開催が決定するなど活発な動きがある。だが、それはまだ個別プロジェクトの段階に止まる。もちろん個別とはいえ、経済効果などが大きく、人の流れ、カネの流れ、情報の流れを変えることは間違いない。半年間に及ぶ万博の開催は特に効果が大きかろう。だがしかし、それが直ちに副首都の形成に直結する話ではない。もっと本降りの統治の仕組み改革がいる。

## 大阪を副首都にする意義

この先、本格的に省庁の地方移転、分散を図るなら、この数年来大阪府、大阪市が提唱してきた「大阪副首都」構想を真剣に検討すべきではないか。大阪では府市合同で副首都推進局をつくり、「西日本の首都」「首都機能のバックアップ」「アジアの主要都市」「民都」を柱に「副首都ビジョン」を掲げ運動を進めている。東日本、西日本の東西二極の一極として日本の成長エンジンの役割を果たす副首都をめざすというものだ。地震大国日本は、いつ首都直下地震に襲われるか分からない、東京都という国土面積の一％足らずに国民の一割以上が住み、〇・三％の東京区部に日本全体に影響力を持つ多くの中枢機能が集中している。それを背後で支えるかたちになっている東京圏（一都三県）は国土のたった三・六％の面積。そこに三五〇〇万人、国民の三分の一近くが住む「過集中」ぶりだ。政治も行政も経済も情報も文化も教育も、いつの間にか首都東京の動きに席捲されている。国際社会からすれば、日本は東京しか相手にできない国と錯覚してしまうほどの集中ぶりである。人口が減少していく日本だが、放っておくと人口の半分以上（五〇〇〇万人）が東京圏に集まると予測する向きもある。仮に政府のめざす人口一億人で減少ストップが実現されても、国民の二人に一人が東京圏民ということになる。世界中どこをみてもそんな国はない。

## 日本の二都構想の意義

そうした中での「大阪副首都」構想だ。そこに何を詰め込むか、どんな副首都大阪をめざすのか、現地の大阪では熱心に議論しているが、まだ模索中のレベルだ。それはともかく、いざという場合に代替できる首都、平時でも西日本の拠点性の高い副首都・大阪が、東日本の東京と併存した方がよい。これを二都構想と呼んでもよい。かつて明治期などに繁栄した商都大阪を飛び越えて西日本からも、東日本からも、海外からもみな東京にヒト、モノ、カネ、情報が集まる——こうした「東京一極集中」は抑制してしかるべきだ。

私は、大阪副首都のイメージをこう考えている。

第一に、「首都」（立法、司法、行政の高次機能集積地）に対し、「副首都」という概念を明確化すること。停滞する地方分散、地方分権改革を前進させる起点とする。具体的にはまず既存省庁の「減反、減量政策」を迫ることだ。

例えば、主要省庁の三分の一の機能を大阪に減量化しながら移し、副大臣が常駐する副首都を形成する。また外局、外庁、関連団体、特殊法人などの移転も率先して迫る。公益法人の許認可権限を統合した「公益庁」を創設することも考えられる。

第二に、「国会」の会期を二つに分けること。第一通常国会（春期、百日）は東京で、第二通常国会（秋期、百日）は大阪で開くよう国会法を改正する。すると、自然に省庁半減、政党本部の二極化が進む。関連して官僚、政党職員の移動も定期化し流動化する。リニア時代を睨み、危機管理の視点からすると、「立法機関」の二都化は不可欠ではないか。

第三に、大阪の持つよさを最大限生かすこと。大阪の伝統、商都のよさ、独自の文化芸術、水都にふさわしいにぎわいといった特徴を最大限引き出せる副首都とする。何もいまさら第二東京づくり（化）をめざす必要はない。むしろ、持っている大阪都市力の顕在化が重要だ。東京とは別なＯＳＡＫＡという存在感のある大都市の形成が、国際的にも「副首都」（重都）と認められるポイントだ。

## 首都の減反政策

かつてのように増える人口を賄うために経済の拡大路線を走る、効率化と称し集中政策に走る、そうした国家政策を採る時代ではない。真の豊かさを求めるなら多極分散、幾つかの大都市がバランスよく配置される新たなかたちを創造する時代だ。それには、東京の持つ首都機能の大幅減反政策を採ることは有力な選択肢だ。減反しながら減量化する行革である。これを首都機能の「減反減量政策」と言い換えてもよい。

さらに先述したように新幹線、高速道の料金を大幅に下げ、普通電車並みの負担とすれば、若者を中心にヒトの移動、分散が始まる。地方交付税一七兆円のうち一兆円程度を投入し、料金値下げ分を国が負担する。これで東京の減反が進む。

巷間一部で言われているように、大阪副首都構想は大阪のエゴだとか、わがままだという話ではない。真摯な提言として国政としても、また国民としてもオールジャパンの視点で捉え直してみること。地方主権型の副首都構想を実現する、これが時代の流れだと思う。

## 栄華の商都、その後どうした

大阪は明治時代、日本最大の「商都」として栄えていた。幕藩体制から近代国家に移る中、当時から「官都」の色彩の強かった東京とは一線を画し、民の力で時代の先端を走っていた。都市づくりも画期的なものだった。一九二三年、東京商科大（一橋大）教授から転じ大阪市長に就いた關一《せきはじめ》は、市営公園や公営住宅の整備、御堂筋の拡幅、地下鉄の建設（現大阪メトロ御堂筋線）、大阪城天守閣の再建、大阪商科大学（大阪市立大学）の開設など様々な都市政策を展開し、隆盛期の大阪をつくりあげた。

關一は、大阪の都市づくりについて御堂筋を開発し、それを基盤に市電を敷設し、期せずして経済価値の高まった沿道筋（事業主、住民）から開発利益の納付を求め、それを原資にさらに道路をつくり市電を伸ばしていくという手法を採った。税金に頼らず、受益者の負担によって都市インフラを整備していくやり方は、いま日本で上下水道や地下鉄など独立採算を求める「公営企業」の手法として全国に脈々と生きている。こうした都市をマネージメントしていく手法を「都市経営」と呼ぶなら、關一はその元祖と言えよう。大阪はこのように日本をけん引する大都市だった。

しかし現在の大阪は非常に厳しい状況だ。時代が大きく変わり、日本は東京一極集中があまりにも進んでしまった。裏を返せば、大阪の凋落《ちょうらく》、関西の地盤沈下が東京へのヒト、モノ、カネ、情報、企業移転の流れを加速させてしまった。

大阪の繁栄は一九七〇年の大阪万博までだったとされる。半年間で世界から六五〇〇万人もの人を集めた万博は、一九六四年の東京オリンピックを遥かに凌ぐ影響力があった。しかし、万博以降、大阪は次第に右肩下がりの時代へ向かう。

現在の大阪は日本第二の都市とはいえ、本社機能をはじめ様々な中枢管理機能が集まる東京と違い、経済活動の大半も地場の中小企業で成り立ち、低迷している。生活面でも所得、貧困、失業、犯罪、治安、離婚、学力などデータでみる限り数々の分野でワーストワンに近い数値が並んでいる。

## 大阪維新、大阪改革とは何か

それを必死で立て直そうというのが、この十年余続いてきた橋下徹、松井一郎氏らによる維新政治、「大阪改革」だろう。自民党と一線を画し、地域政党大阪維新の会をつくって大阪市政、府政改革に挑む。結果、市営地下鉄の民営化、行革節減経費の教育投資化で子供たちの成績ランキングが上がってきている。

だが、構造的に低迷要因とされる司令塔の二元構造、つまり府知事と大阪市長の二頭立てによる府市合わせ（不幸せ）構造は変わっていない。大阪市を廃止し大阪府に司令塔を一本化する、この「大阪都構想」の実現で危機突破をねらう。百年ぶりにやってきた現代版「都市経営」の新展開と言ってもよい。

これまでの大阪は、業務中心地を大阪市政が握っており、大阪府全体の行政を担う府政といえども事実上大阪市域には手を出せなかった。まさに司令塔が二つの二元構造だった。結果、府と市がバラバラに設置する類似施設も多く、サービスの重複化も目立つ二重行政が目に余るものだった。

これをリセットし、大阪の司令塔は大阪都（都知事）に一本化する、きめ細かな対応のできる公選区長、区議会が地域単位の都市経営を担う四つの特別区（基礎自治体）を創設する。これが、いわゆる「大阪都構想」（次頁の図）だ。

## 大阪都構想は何をめざす

それが実現すると、公選の首長、議会をもつ五〇～六〇万人の中核市並みの四特別区が

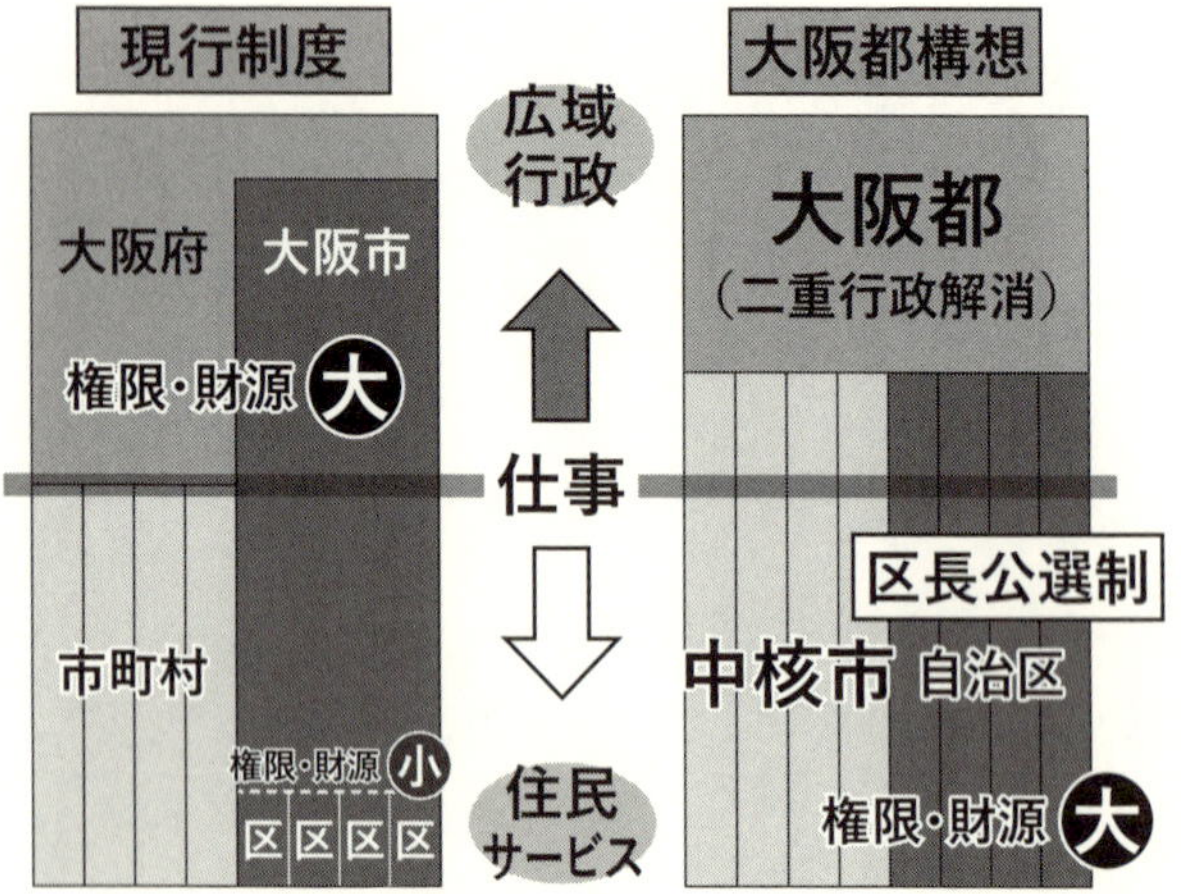


誕生し、ゆりかごから墓場までの住民生活の拠り所となる。そこを拠点に教育、医療、福祉、まちづくり、中小企業支援など住民に身近な地方自治が営まれる。これまでの大阪市役所の出張所に過ぎなかった二四行政区の時と違い、高槻市や豊中市並みの権限を持った特別区の誕生はまちづくりの面でも大きな力となる。

一方で、大都市の一体性、リーダーシップを強化する視点から、大規模インフラの整備や都市開発、成長戦略などは大阪府（都）に一本化される。大阪全体でみると、面積も狭く過密に喘《あえ》いできた大阪市内だけでなく、他の四二市町村も含め広い視野に立って広域政策が展開され、司令塔の一本化、政策の一体性が確保されることになる。

こうして大阪の行政は、大幅にムダの削減ができ、賢い小回りの利く自治体の活動で、行財政の合理化が図られ、東京と並ぶ強い大阪に復権できる可能性が高まってくる。

こうした大阪都構想の実現を住民の一人ひとりの手で決めるチャンスが、二〇一五年五月十七日の住民投票だった。だが、結果は約七〇万票対約六九万票、わずか一万票の差とはいえ反対票が上回り頓挫《とんざ》した。四年前の話だ。

とはいえ、もう一度チャンスは巡ってくる。二〇一九年の夏か秋に再設計しブラッシュアップされた「新大阪都構想」が再び住民投票に付される流れにある。

## 大阪都構想は日本の国づくり

いま現在、大阪市営地下鉄が民営化されるなど改革の進む大阪だが、住民の間には改革が進んだからこれでよいではないか、府知事と大阪市長は考え方が同じ方向（維新系）なので府市合わせ（不幸せ）は解消されている、といった空気がある。

しかし、大阪が抱える根本問題、意思決定の仕組みは何も変わっていない。事業の民営化や事業統合は進みつつあるが、根本問題は解けていない。大阪の司令塔を一本化し、大阪をより強くすることで日本を二極構造に変えるべきだという大儀も変わっていない。

ここ数年間、日本の国会はモリカケ問題や自衛隊の日報隠し、次官セクハラ問題などで揺れた。これは日本の官僚機構そのものが肥大化しすぎ、緩《たる》み、弛みが生まれ、官僚のムラ社会を政治がコントロールできない国家状況から生起している問題だ。

これを変えるには、日本官僚制の組織規模の適正化を図るしかない。東京一極集中は諸分野の意思決定の一極集中を指すが、それを変えるには大阪に副首都を形成し、首都機能の三分の一を大阪副首都に移し、なおかつ内政の決定権の多くは国民の身近な政府に移す、分権国家化の切り札とされる「地方主権型州制度」へ移行することではないか。

それが国民を元気にし、地方創生が実を結ぶ道である。身近な自治体である州政府を内政の拠点に据えれば、税金の集め方も使い方も情報の管理も透明性が高まる。まして陳情請願を繰り返す、意味不明の忖度《そんたく》政治も消える。

この種の構造改革は政治主導しかない。改革を成就させるには、カリスマ性のある強いリーダーも必要だが、それに頼るだけではうまくいかない。志を同じくするリーダーたちが、二七〇万市民に十分説明し、住民らと熟議し、制度の意義を十分理解させた上で住民投票が正しく行われるようにしなければならない。

大阪百年の大計、これが大阪都構想に対する住民投票の意義だ。

第7章

# 大阪万博が日本を変える

## 半世紀ぶりに動き出した大阪

大規模な国家イベントが経済の流れを変え、人心を変えることがある。非日常体験のなせる技によるものだ。スポーツの祭典・オリンピックも経済の祭典・万国博覧会もその例である。ワクワク感のあるこのイベント。よく、大学を元気にするにはスポーツを強くすることと言われる。人心が一つになり応援できるのがスポーツだから。

国づくりも同じような面がある。二〇二〇年の東京五輪に続き、二〇二五年に大阪万博が行われることが決まった。私など団塊の世代からすると、半世紀前の東京五輪（一九六四年）も大阪万博（一九七〇年）もまだ記憶に新しい出来事だ。学生の頃、「何かが始まる」躍動感があった。それが時代を繰り半世紀ぶりに再現する。不思議な感じがする。

もちろん、この半世紀で世の中は変わった。地球の人口は二倍に増え、日本の人口も一・二倍になり、第二次産業から第三次産業が中心の国に変わった。国民の教育水準も飛躍的に向上した。だからもう一度行われる「大阪万博」が五十年前の再来ということでは全くない。前回の大阪万博以後、大阪経済（関西経済）は衰退の一途を辿り、日本のナンバー2都市と言われながら、東京との差は広がるばかりだった。しかし、いま大阪は動き始めている。大阪を訪れる外国人観光客の増加率やホテルの稼働率、百貨店の売り上げの伸び率、地価の上昇率はいずれも日本の中でトップクラスにある。

## 万博に新しい発想が求められる

いま大阪では、カジノを含む統合型リゾートの誘致と万博開催が決まり、会場周辺の開発が進む起爆剤への期待が大きい。しかし、「七〇年万博の頃までは新しい技術は可視化されやすく、パビリオン建築でも様々な実験が行われた。しかし現代の先端技術は目に見えず、それは難しい」（五十嵐太郎、『朝日新聞』二〇一八年十二月十六日）とされる。万博（国際博覧会）は経済の祭典と言われるが、そこに止まるものではない。世界から多くの人々が集まり、地球規模の課題について未来志向で解決へのアイディアを交換し合う場、五年に一度の祭典である。二巡目となる二〇二五年大阪万博に向けてそのチャンスをどう生かすか、いろいろな構想が競われてよい。万博というとパビリオンの建ち並ぶ風景が想い起こされる。

確かに物品の展示と国力の誇示という万博の性格は大きくは変わらない。しかし、世界各国から注目を集める万博は、日本を売るチャンスだ。大阪、関西、日本が投資に値するいかによい市場であるか、これをアピールする絶好の機会だ。この万博こそ関西経済の再興、商都・大阪復活の最後のチャンスであり、じり貧の日本再興のラストチャンスだ。長引く経済の低迷で近頃は人々の意欲まで後退しているように感じられる。安全・安心や清潔さは日本の強みだが、万博をきっかけに日本が再び意欲溢れる楽しい社会になれるかどうか。

## 大阪「トリプルスリー構想」の実現

ただ今回は、万博誘致、カジノ誘致に「大阪都構想」が加わる。これを三位一体として進める構想を「トリプルスリー構想」と呼んでもよい。このネーミングは前大阪市長の橋下徹氏が十年前にぶち上げたものだが、万博、カジノの二つに目途がついたいま、残る一つ、大阪都構想も住民投票の賛成で前に進めなければならない。

橋下構想はカジノに続いて万博の実現も手中に収めた。残るは大阪都構想のみ。そこでいま、松井府知事と吉村大阪市長は万博誘致が決定し、これを成功させるには府と市の二重行政を解消しないと失敗すると唱え、〝万博には賛成だが都構想には反対〟の自民と公明に揺さぶりをかける。二〇一九年の冬に予定の知事選、市長選を任期途中での辞職により四月の統一選に合わせる「出直し選」さえ行うという覚悟のようだ。「住民投票をさせまい」とする自公勢力への身を捨てての戦いである。

いま、都構想に一度はノーを突き付けた大阪市民も、万博決定で賛成派が多数の様相になってきている。橋下三大構想は当初、どれも夢物語と言われたが、万博招致が決まったことで一気に逆転、全て実現の流れが見えてきた感じだ。橋下徹氏自身、自身のブログで次のように述べている。

「今回の大阪万博決定の最大の成功要因は、やはり大阪都構想の思想だったと断言できるということだ。実際、大阪都構想は二〇一五年五月の住民投票で否決されたが、やはり大阪都構想を実現することこそが、大阪において必要不可欠であることがハッキリした」

「万博誘致案、ＩＲ誘致案などの超ビッグプロジェクトは、これまでの大阪府と大阪市の関係だったら絶対にまとまらなかった。大阪でまとまらなければ、安倍政権が動くこともなかった。逆に言えば、大阪府と大阪市が一体となって動けば、日本政府も動き、このような超ビッグプロジェクトも進めることができることが証明された」

「僕と松井さんの関係、松井さんと吉村さんの関係は、しょせん大阪維新の会という政治グループの中での人間関係に拠っているに過ぎない。選挙次第で、別政党に属する知事、市長が誕生することもあるだろうし、大阪維新の会に属する知事、市長であってもその人間関係がどうなるかは分からない。知事、市長の人間関係で大阪府と大阪市が一体性を保つということは、非常に不安定なものだ」

「そこを未来永劫、恒久的に、府と市を、組織として一体化するのが大阪都構想なんだ。府庁組織と市役所組織という二つの存在を二度と認めない。都庁に一本化する。このように大阪が一本化すれば、今回の万博誘致やＩＲ誘致くらいのビッグプロジェクトをガンガン進めることのできる大阪に生まれ変わる」

この指摘通りだと私も思う。都構想はあくまでもモノゴトを決める意思決定システムの改革に過ぎない。より合理的に効率よくモノゴトを決め動かすためのシステム改革だ。生活者にとっても経済人にとっても、この前向きの改革構想を阻止しようという理由は見当たらない。阻止勢力は「守旧派」「抵抗勢力」のレッテルを貼られても仕方あるまい。時代を前に進めなれば大阪の発展、日本の発展はないからだ。

## なぜ大阪、日本は長期低落したか

確かに日本はＧＤＰ（国内総生産）でみると世界第三位だが、しかし国の豊かさを測る名目国民一人当たりGDPでみると世界で二五位程度まで落ちる。とりわけ一九八〇年代のバブル崩壊以降、「失われた三十年」の間に生活が楽になったという実感はない。巷間言われるような、安倍政権の吹かす「いざなぎ景気超え」など、どこの国の話か。この先、人口減少と高齢化が追い打ちをかける。若者に夢を持てと言っても無理ではないか。

大阪経済は五十年前の万博以降、じりじりと下降してきた。製造業主体からサービス業主体の経済への転換に乗り遅れ、さらに工場・生産部門の国内移転及び海外移転に伴い、本社機能もどんどん東京に奪われてしまった。国力が落ちている中で、日本は東京一極集中を支えるのが精いっぱいで地方にまでは手が回らない。現行スキームでの関西の発展は望み薄だ。今回の万博で「二兆円の経済効果」などと浮かれている余裕はない。

日本の低迷原因は何か。いろいろあるが、根本は世界の繁栄とのつながり・サプライチェーンへのアクセスの悪さと、古い政治・経済体制にある。国家は経済の受益者であって、富の源泉ではない（『コトラー 世界都市間競争』フィリップ・コトラー、碩学社、二〇一五年）。多国籍企業は都市を成長させる。つねに拠点を置くのにふさわしい都市、成長可能性の高い都市を選んで動き回る。それを呼び込む仕掛けがない。

今回、万博を機に財を生み出す企業を魅了する都市を出現させることができるか、世界で機敏に動く企業経済に魅力的な場を提供できるか、そこが勝負だ。つねにスクラップ&ビルト、代謝が行われ、人と財とを呼び寄せる都市が伸びる。高度成長期のような、途上国型の官僚主導、中央集権型の経済では、グローバリズムの経済・投資に制度的に追いつけない。

## 大阪に「実験国家シンガポール」をつくれ

細長い日本列島において、地政学上、世界経済のハブ(拠点)になり得る地域は三カ所しかない。東京、大阪、北海道だ。ハードインフラでは大空港(四〇〇〇メートル級が三本)、大港湾(超大型船が着岸できる)が不可欠な装備である。現状のまま整備・投資を怠れば北極海航路は日本海に入り太平洋岸は取り残されていく。

実際上、市場規模、就労・生活環境、教育機会の確保、スポーツ・レストラン・美術館など娯楽(カジノを含む)、物流のハブ、情報のハブ、金融のハブ、製造業のハブなどを総合してみると、北海道は外れ、東京と大阪圏に絞られてこよう。

そのうち、大阪が東京圏と伍していくためには、大阪・兵庫・京都・奈良の四府県が経済圏としてまとまっていく必要がある。伝統があり、個性の強い京都、大阪、神戸などそれぞれ大都市を抱える四県がまとまっていくのはむずかしい面もあるが、まとまってこそ力が出る。そこで行政事務の簡素化、迅速化のため広域的行政組織に一本化することが望ましい。中央に伺いを立てずに機敏に対応し、決裁し、スピーディにモノゴトを処理するには、分権化と行政事務の簡素化、グローバル化が不可欠だ。

また、多様な民族や人材が混住する中で、外国人居住者の誘致と権利保護、家族の教育環境、本国への送金、治安の維持などのルールづくりも急がなければならない。

これには本当の経済特区、例えば日本の中に実験国家シンガポールをつくるような発想が要る。その前提として分権型特区（いまは本当の意味での総合特区はない）が必要だ。これまでの行政指導的な不透明な規制が多い日本の現状。これを改め、縦割りを排し、ワンストップ処理を原則とする仕組みが必要だ。

紛争処理についても国際的かつ商業的な事案については、国際条約に基づく簡易で迅速な仲裁型調停制度を充実させる必要がある。いままでの制度と大きく異なる制度設計、司法に携わる人材の育成を行わなければ取り残される。大阪圏には育成に必要な教育機関は十分厚みがある。国に任せていたのでは繁栄のつながりから切れてしまう。

## 制度設計の構想委員会を立ち上げろ

諸外国からの租税回避地批判を避けるため、各国との外交根回しは国に担ってもらうとして、多くは分権型特区（近い将来、これを州へ）に委ねるべきだ。ノウハウが足らざるところは、蘇州市が一九九四年に工業団地開発をシンガポール企業にリースし、吸い上げたような取り組みもあってよい。もとよりこれは、交易の拠点・結節点になることが目標であって、全てを独占することが目的ではない。

それには、①明白な建設目的（日本の求めるものを明確化することで国際理解を得る）、②充実したインフラ（競争力のあるインフラ、クリーンで十分な初期投資で運営コスト抑制）、③区域分け（都市計画の見直しで就労・サービス・消費・居住・教育など多様な需要に対応）、④規制の透明化、可視化（フェアトレードを含む）、⑤責任ある運営と高品質なサービス（行政の簡素化・グローバル化）、⑥成長を重視した経済戦略（現場に権限移譲で迅速・果敢な商業活動）、⑦税制（国際競争力のある税制、金融の特性に合う投資の拠点になるには、国際的競争力のある税制は不可欠）、⑧教育（ゆりかごから就労前、就労中、就労後までの人材育成）、⑨居住環境の整備、⑩人材育成（速い技術革新に対応する就職→再訓練→再就職のサイクルの人材育成、職業訓練機会の提供とバッファーとしての労働仲介）がポイントとなろう。

二〇二五年大阪万博は、一九七〇年万博のように展示品を見せるという万博ではダメだ。ロボット、AI、AR、VR……全ての最先端の技術を集める、こうしたことも一つの〝柱〟となろう。まだ六年先のことである。いまの技術を与件として議論するのではなく、どんどん進化する大阪万博構想として若者の知、世界からの知を集めるべきだ。

そのためには「進化する大阪万博・知の構想委員会」を早く発足すべではないか。「知の拠点」として大阪圏は大いに期待できる。これからは、最もつながっている国が勝つ。かくして世界とつながる大阪は日本の商都として復活する日がくる。

## 大阪都構想は「州構想」の始まり

そうした知の発酵する大阪づくりのためにも、これまで掲げてきた大阪都構想の実現は不可欠だ。一つに巨大大阪市に代えて四つの特別区という基礎自治体をつくり、きめ細かな住民サービスとまちづくりを実現すること。もう一つに広域部門の府市合体を図り実現し、広域自治体としての「大阪都」が司令塔となり、税収増や若者の雇用増など広域的な成長戦略を打ち出し、大「大阪」を発展させるということだ。

繰り返すが、これまでの府市合わせ（不幸せ）と言われた大阪府と大阪市のせめぎ合いによる二重行政をなくし、浮いた財源で医療、福祉、教育を充実し、いじめ、虐待、犯罪などの防止を図る。二七〇万人をカバーする巨大大阪市を廃止し、それに代えて基礎自治の部分は公選の特別区制を四つ創設し住民自治の充実を図る。

一方で、インフラ整備や産業、港湾、地下鉄などの広域行政は府に一本化し、国際的な都市間競争に打ち克つ戦略本部・大阪都庁をつくるということである。

この改革構想の実現は国家全体を挙げて応援すべき構造改革ではないか。日本を東京、大阪の二眼レフ構造につくり替える。東京の首都機能を減反し三分の一は大阪に移し、副首都化とする。大阪の意思決定、司令塔は大阪都知事に一本化する。

こうした日本の分極型国づくりは時代の流れにある。大阪で政局化しているが、自公が掲げる大阪市を八つの総合区にする制度設計は現状を維持し、府市合わせ（不幸せ）構造を温存するものに過ぎない。そうではなく、大阪都構想こそ、万博、IR、副首都づくりの面から必要不可欠な改革構想だ。西日本の拠点にふさわしい将来への大都市づくり、それは大阪都構想の実現から始まる。それを契機に日本は、日本型州構想の実現、関西州の実現が急がれる。

# 第8章

# 危機に打ち克つ地方政治

## 問われる地方議員の活動

日本の行政は三分の二を地方自治体が担っている。二〇一九年春には統一地方選挙が行われる。一九四七年（昭和二十二年）の第一回から数え今回（二〇一九年）が一九回目に当たる。その結果は今後の国政や参院選にも影響するし、選挙を行う自治体にとってはこの先四年間の政治行政のあり方を決める重要な選挙となる。

ただ「統一選」というと、四七都道府県、一七一八市町村、二三特別区の全てが一斉に選挙を行うように聞こえるが、回を重ねるごとに統一率は下がり、今回は知事、政令市長選で約二割、市町村長選で約一割だ。都道府県、政令市、特別区の議員選こそ約八割だが、一般の市町村は約四割に止まる。第一回から七十年が経つ間に、首長の途中辞職や昭和、平成の二度の市町村合併で時期がずれてきたからだ。したがって、騒ぎのほどに選挙数は多くなく、見方によってはその影響は限定的と言ってよいかもしれない。

日本の自治制度は、執行機関の長と議決機関の議会を分けて選挙する「二元代表制」を採用している。議会メンバーだけを選挙し、その多数派が内閣を形成し執行機関となる、いま国が採用している一元代表制とは違い、日本の地方議会には与党も野党も要らない。

首長の提案に個々の議員が「是々非々」で臨むのが正しい。ただ実際の行動様式をみると、国政の仕組みと同じだと勘違いし、首長を無原則に支持する与党意識の議員が多い。日本全体でオール与党化した地方議会が多いのではないか。これは基本的に誤りだ。

地方議会が決定者、首長はその執行者である。この政治制度はもともと議会に政治的主導権があることを想定しての制度であって、首長に粛々と寄り添うことなど期待していない。議員一人ひとりが所属会派など関係なく、住民の一代表として首長に論戦を挑み、組織機関としての議会が修正すべき点は修正する、これが地方議会の本質的な形である。

地方議会は自治体の議決機関だが、その役割は審議決定機能に止まらず、監視、提案、民意の集約など幅広い役割が期待されている。個々の地方議員もそれぞれが決定者、監視者、提案者、集約者の役割を持つ。しかも二元代表制は機関対立主義の考えから、議会と首長は互いに抑制均衡関係を保ちながら、民意を鏡のように反映する自治体経営が期待されている。首長の提案に批判的な視点を有し対案を出したり修正したり立法活動を行う。そして議会は自治体の内部統制、ガバナンスを確保する点では、広く野党的役割が期待されていると言えよう。

## 無投票当選に政治的正当性なし

この議会に代表を送り出すのが選挙だが、現在の状況は必ずしもよくない。投票率も極端に下がっている。戦後初めての選挙では首長、議員選とも九〇%近かったが、その後下がり続け、前回（一八回）にはついに軒並み五〇%を割り込むところまで落ちた。今回から初めて選挙権を十八歳に広げての統一地方選だが、果たして投票率の回復はみられるだろうか。

統一選に限らず、最近の地方選挙は、①投票率の低下に加え、②無投票当選の急増、③無風選挙の蔓延、④候補者のなり手不足、⑤過少な女性議員、過多な高齢議員という構造的な問題を抱えている。これをどう解決していくかは日本の民主主義の危機克服の課題だ。

この投票率の低下と無投票当選、無風選挙、なり手不足は密接に関係している。有権者の二人に一人しか投票しないという投票率低下現象は、政治参加や政策選択という点で大きな問題だが、それよりも有権者が一票を投ずることなく当選者の決まる無投票当選や事実上投票前から結果の見える無風選挙の広がりは、より深刻な問題を孕《はら》んでいる。なり手不足の問題を含め、私たちはやせ細る草の根民主主義の足元をどうみたらよいのか。

民主主義は、身近な政府に住民が参加し、税のゆくえを操作できる。それが基本だが、それを担う代表を選ぶのが「選挙」である。そこで〝当選〟とは何を意味するか考えてみよう。行政学者の大森彌《わたる》氏が次のように分かりやすく説明している（『現代日本の地方自治』pp.64-65、放送大学教育振興会、一九九五年）。

「権力行使の免許状の書き換えを四年ごとに行う」のが選挙。「選挙から選挙の間に、住民の代表として信託を受けた政治のプロとして著しい落ち度があった時の免許状の取り消し」がリコール（解職請求）であり、落選させる意味だという。代表について「首長と議会が自治体としての意思を公式に決定できる権限を持つのは、選挙を通じて民意の審判を受け、代表者であるとみなされる」からだという。

この〝みなす〟というのは「一つの擬制（フィクション）」であって、「もともと違う人間が別の人間の意見や利害を代わって表現はできないが、〝代表〟という考えは、本来できないことを約束事としてそうみなそうという工夫なのだ」。その代表の地位を与えるのが選挙であり、この擬制を現実の形にするのが「投票箱」という訳だ。有権者の投ずる一票が「あの何の変哲もない箱を通過すると、神聖な一票に変わる」「民の声を天の声に変えるマジック・ボックス」それが投票箱だ。「民の声という眼にみえないものを、みえるものに変える手続きの一つが〝選挙〟だ」（前掲書）というのだ。じつに明快な説明ではないか。

この説明に沿うと、前回（一八回目）の道府県議選では全選挙区の約三三％に当たる三二一選挙区が無投票となり、総定数の約二二％に当たる五〇一人が当選している。これは戦後一番高い割合で、続く区市町村長選、議員選でも高い割合で無投票当選者が続出した。私からすると、もともと「無投票当選」ということを認める制度自体がおかしいとなるが、一歩引いて、仮に選挙便宜上無投票当選を容認したとして、果してその当選者に政治的正当性（免許状）があると言えるかだ。

有権者からすると、その人に免許状を与えた覚えはないし、当選者した本人も（喜びは別にして）獲得票はゼロ票だから免許状を与えられた覚えもないということになる。いくら擬制（フィクション）と言われても、これは架空以外の何物でもない。これまで選挙便宜上、例外として認めてきた無投票当選という制度も二割、三割、四割と当選者が増える状況になっているいま、これを放置してよいはずがない。

## どうすればよい地方議員を選べるか

こうした無投票、無風、なり手不足の急増は、次のような要因が複合している。

第一は、この二十年近く経済成長率ゼロの中、税収も増えず、パイが縮小し、政策をめぐる裁量の余地が極めて少なくなり、議員の活躍の場の喪失感が増大している。

第二に、若年、中年層を中心に職業の安定志向が強まり、あえて四年毎にリスクを追う政治家（議員）に挑戦しようという気概（政治家の魅力も）が失せてきている。

第三に、議員に選抜される母集団が構造的に狭く、サラリーマン社会にもかかわらず、サラリーマンが議員を兼ねることができず、自営業者か無職者のみの戦いになっている。

第四に、議員報酬の削減などが続き、経済的な魅力にも欠け、相次ぐ定数削減で新人の出る余地が狭まり、現職の議席既得権化が進み、新人の当選可能性が低下している。

第五に、政務活動費の使い方が不適切とマスコミ沙汰になることが多く、議会活動への信用を失い、一部議員の劣化などが加わり地方政治全体への国民の信頼度が落ちている。

人口減少も進む中、相当大ぶりな抜本改革をしない限り、議員のなり手不足や無投票当選の解消、女性議員や若手議員が増えるということはなかろう。では、どうするかである。私は次のように考える。
第一　都市部及び中小自治体の議会に、土日夜間開催を法的に義務づけてはどうか。
第二　会社員が勤めながら議員を兼職できる「公職有給休暇制度」を創設する。
第三　極端に高齢層、男性層に偏っている現状を変えるには、定数の中に年齢枠と女性枠を設けること。性別クオータ制（割り当て）を取り入れ、三～四割の女性枠創設、年齢別クオータ制で二十～四十歳代から四割、五十～七十歳代から四割、残り二割は年齢枠外でその他自由にすればよい。
クオータ制や公職有給休暇制など国の法整備が必要なものもあるが、土日夜間議会化などは各自治体の努力で何とでもなる。既に議会基本条例、通年議会化、政務活動費の適正化、定数・報酬の大幅見直し、住民との連携議会など主体的に改革する議会も出ている。「民意を鏡のように反映できる議会」づくり、その意識改革が重要となってきた。

## 問われる政務活動費の使い方

ここ数年、地方議員の政務活動費の不正が相次いで発覚している点も問題だ。報じられるたびに地方議員の信用が落ち、価値が下がっている。以前、富山市議会では領収書の改ざんなどの手口で不正に政務活動費を受給していた議員が、一四人も芋づる式に辞職する始末。他の議会でも類似の不正が次々に発覚し、辞職する議員が出てきた。従来はいろいろ方便を述べ辞職まで至る議員は少なかったが、今回の特徴は説明責任を果たすことなく去る「辞職」の方法が目立つ。

辞めてしまえば、それで終わり――日本的な文化のような感じがするが、果たしてそうなのか。二〇一六年六月、都知事の舛添要一氏が政治資金などの公私混同疑惑に答えることなく辞職したケースが、引き金になっているような気もする。だが辞めても「説明責任」は残る。税金を不正に使った以上、市民の疑問、不満、疑惑を解消する責任、それが説明責任でありアカウンタビリティを果たすということだ。

地方議員は特別職非常勤公務員という身分にある。議員を辞めたとしても、説明責任はしっかり果たさなければならない。

政務活動費（以前は政務調査費）は、地方議員に対し月額報酬とは別に「議員の調査研究その他の活動に資するために必要な経費」として支給されている。支給額は自治体の規模で大きく異なる。町村の中にはこうした経費の予算措置がないところも多いが、政令市や都道府県、県庁所在市では相当額に上る。最も高額なのは東京都議会で、議員一人当たり年間七二〇万円だ（現在の小池都政下では、都民ファーストの会などが多数を占めているので減額し六〇〇万円だが）。

二〇〇〇年以降、地方分権改革により、地方自治体の自己決定、自己責任の業務領域は飛躍的に増えた。それに伴い、議会の決定事項も監視事項も拡大し、さらに議員立法などの必要性も高まった。それをサポートする費用として政務調査費が法制化され、数年前からプラス「その他の経費」が加わり、政務活動費になった。こうした経緯から、本来はよりよい地域の政治を行うよう、地方議員の政治活動をサポートするためのカネだが、それを不正にただ懐に入れようとする行動に出て、本来の趣旨を捻じ曲げてしまった。

「第二生活費」だと思い込むような使い方、これは「その他の経費」の項目を加えてからより強まった。パート代、チラシ、会議費、ガソリン代、事務所費、旅費など、およそ「調査研究活動」などとは言えない支出項目が、六割も七割も占めるようになっているところもある。

第二生活費として使うなら、これは廃止した方がよい。しかし、せっかく地方分権を進め、地域のことは地域で決める国づくりを始めた訳だから、その流れを止めないとすれば、地方議会、地方議員が変わらなければならない。地方議員がこの国を悪くしてはならない。

## 地方法制局をつくったらどうか

私は『地方議員の逆襲』（講談社現代新書、二〇一六年）という本で、これらの問題を以前から指摘してきたが、政務調査を止めるような改革には賛成でき兼ねるとも書いてきた。むしろ少額のところは増やす方向で考え、使い道の有効化を図るべきだと唱えてきた。なぜなら、国会に代わって地方議会が公共支出の決定者に置き換わっているからだ。

では政務活動費の不正防止をどうするか。第一は、透明性を高めることだ。市民に対し、収支報告書や領収書の本体を全面公開すること。第二は、現在のような事前に予算として渡すやり方を廃止し、全て領収書を添付の上、実績払いに改めること。そして第三にその領収書を含め、支出内容について第三者のチェック委員会で三カ月毎に監査すること。第四にこの経費を使ってどんな成果があったかを毎年文書で提出させ、場合によっては市民向けの公開発表会を開くこと。

これは市民の監視というより、むしろ議員の政策発表の場になると考えれば、再選をめざす議員にとってはＰＲの最大の機会ともなる。ともかく、角を矯《た》めて牛を殺すのではなく、牛が大きく育つよう前向きの改革をめざすことだ。

もっと前向きな話をするなら、各広域圏で政務活動費の半分程度を出し合い「○○広域圏地方法制局」をつくったらどうか。国の衆議院、参議院には内閣法制局とは別にそれぞれ議員立法を支える法制局がある。この考え方を地方に取り入れたらどうか。

各議員はレポート用紙一枚に問題意識を羅列する。それをベースに非常勤で雇った法科大学院出の法制局員が条例化してくれる。こうしたサービスがどんどん行われるようになったら、地方議員の政策(条例)提案は飛躍的に増えよう。

ともかく、議員報酬、議員定数の問題と併せ、災い転じて福となす改革が各地からどんどん出てくることが期待される。

## 小さな村に地方議会は必要か

話は変わるが、平成大合併が盛んな頃、人口一万人未満の町村を小規模自治体と呼んで問題になったことがある。そうした小規模自治体で地方議会を置くべきかどうか話題になっている。特に人口一〇〇〇人未満の小規模な自治体では問題が深刻だ。発端は高知県大川村(人口約四〇〇人)で、議会を廃止し、村総会で自治体の基本的な予算、条例などを決めていこうという話が出たところに始まる。同村では、二〇一五年村議選で定数六を超える立候補者がなく、現職六人が無投票で当選している。

今後とも「議員のなり手がない（不足）」といった理由もあるとされるが、無投票ということが続けば、果たして当選といってもその議員に住民を代表する政治的正当性があるのかどうかも問われる。よって議会そのものの存在意義をも問題視しているともみえる。二〇一五年の統一地方選では、全国三七三町村議選が告示され、二三・九％に当たる八九選挙が無投票当選となっている。

中には定数に満たないまま全員当選となったところもある。これは、小規模町村に限らず、人口三〜五万人程度の市町村に広げてみても、状況は似たり寄ったりだ。府県レベルの議員選挙でも前回は五人に一人は無投票当選だった。人口減少が全ての理由ではないにしても、草の根から民主主義の仕組みが枯れているのが実際である。

私は、小規模な自治体では住民総会で決めてよいと考える。規模や地域特性に関わりなく、一律に定めた日本の二元代表制自体が実態に合わなくなっているとも考えるからだ。

要は予算や条例の決定、執行機関の監視、また住民の民意の反映は「議会」という装置を通さなければできないのかどうかだ。議会は絶対かどうか。議会自体に機能不全がみられる現状から、その打開策として有権者が一堂に会する「住民総会」を開く方法も選択肢にあろう。

公選議会は廃止し、公選の首長に予算編成、主要契約、条例作成など全権を委ね、執行活動をチェックする「監視機能」に限定した「評議員会」を置く。問題のある首長は住民総会で解任できるようにする。実費弁償で集落別に出した評議員が四半期毎に行政を統制する道もあるのではないか。いろいろ工夫してみるのが自治の姿でもある。

## 報告「町村議会のあり方」への疑問

そうした中、総務省の「町村議会のあり方に関する研究会」が二〇一八年三月末に報告書を出している。現在の制度に加え、①少数の専業議員による「集中専門型」議会と、②多数の非専業議員による「多数参加型」議会という二つを加えるという話だ。ねらいはいずれもなり手不足の解消にある。これを受け、第三二次地方制度調査会もそれを審議の対象に置き議論を進めている。

今回の研究会提案は地方議会を変えるきっかけとなる点で評価するが、地方議会制度の根幹を揺るがす論点も含まれており、実行に移すには十分な検討が必要ではないか。

まず第一。集中専門型だが、少数の議員が専業で政策立案に関与することを想定し、生活給を保障する水準の十分な議員報酬を支給すべきだという。少数議員からなる議会で心配される多様な民意の反映は、任意で選んだ議決権なしの「議会参画員」で補うという。

ここで一つ問題にしたいのは、少数議会だから常勤職にして生活給を保障する報酬（実質上給与）を与えるという点だ。現在、地方議員は非常勤特別職公務員の扱いで、給与ではなく、日当を積算した報酬を払う仕組みにある。もちろん、報酬額は様々で政令市議や県議などは一〇〇〇万円を超える年俸額が払われており、実質生活給を保障しているものに近い。

ただ、この点に不満、不信を抱く住民が多いのも事実。出勤日数や活動実績からして高すぎすると批判される。日当一〇万円以上に相当する、こんな法外な日当を得る職は地域にはないと。議員特権であり、下げろという世論すらあるくらいだ。当該議員側の言い分としては、事実上専業に近いほど忙しく生活給の保障なくしてはとてもやれない、という反論があるのも事実だが。

そうした中、なぜ財政上も非常に苦しく補助金、交付金に八割近くの財源を依存している小規模自治体の議員に高額の報酬を払い生活を保障すべきだという話になるのか。なり手不足の解消になるかもしれないが、フルタイマーの常勤職員と同じような量と質の仕事があるのか。

第二。多数参加型についてだが、非専業であり、土日夜間開催ならサラリーマン等も参画できるので裾野を広げる発想からは理解できる。だが、提案では契約の締結などを議決案件から外し議員の仕事量、負担を軽減し、報酬は副収入水準に下げる。契約などの案件を外すので、自治体と請負関係にある法人役員も他地域の公務員も議員になることを認めようという話だ。

確かに、議員人件費を増やさず人数を大幅増にするという問題意識には賛同するが、裾野を広げ議員数を増やす措置が、なぜ議会の権限を縮小し主要な契約締結権や財産処分権の決定権限を議会から奪う話につながるのか意味が分からない。議会の権限を強めないと現在の首長優位性から脱却できないという時代状況からすると、本末転倒の話になっている。

むしろ、今後とも利害関係人や公務員を外すことは継続し、議会の議決事項を拡大し、議員幹部会でまず協議し、それを全体に諮ることで首長優位性に伴う諸問題を解決する方向を志向すべきではないのか。

「なり手不足」を解消する苦し紛れの提案だが、この先、制度改革を進めるなら「自治の原則」を大切にし、地元の創意工夫に委ねる発想を採るべきではないのか。一部の有識者や現場を持たない官僚のイメージした制度を押し付けるのではなく、この提案をしばらく各地の地方議会の議論に委ねてみたらどうか。第三、第四のアイディアが出てくるのではないか。

地方制度調査会の最終答申がどうなるか分からないが、変に法制化しコンクリートしようという考えなら、むしろ逆効果が想定される。より地域に合った多様な創意工夫が生まれる余地を封じてしまうからだ。そうでなくとも、地域事情も規模事情も加味できない日本の画一的な自治制度だ。シティマネージャー制や一元代表制など選択肢の多い欧米の議会制度に学ぶべき時である。

「議員のなり手がない」という点だけでも、背景には根の深いものがあるが、それは基本的に議員に選抜される母集団が構造的に狭いという点にある。サラリーマン社会にもかかわらず、サラリーマンが議員職を兼ねることができず、勢い自営業者か無職者のみの戦いになっている。事実上、八割近くを占めるサラリーマンが公職に就くことを排除している。

これを解決するには、例えば、本業は会社員で日常を送るようにし、公職としての議員活動ができるよう、土日・夜間開催議会へ議会の位置をシフトするとか、年齢別の当選枠の設定や女性比率を定めるクオータ制の導入など、いろいろ考えられる。

解決は、何といっても八割近くを占めるサラリーマンが議席を持って議会活動ができる仕組みに変えることができるかどうかだ。そこが最大のポイントで会社員の労働法制を変えること（公職休暇制度）や、時間帯を夕方の「五時から議会に変える」改革が急務だ。

第9章

# 日本の農業をどうする

## 後継者がいない現実はこうだ

日本の農業危機が叫ばれて久しい。後継者不足、後継者がいない現実が農家、農村の崩壊を招きつつある。私の知るある農場主らが交わす次の会話から何が読み取れるだろうか。

（ある嘆き）農繁期は稲作農家にしろ、果樹農家にしろ、厳しいですよね。年齢的に第一線を退いてもいい年（七十歳女性）なのに、退きたくてしようがないのに、後継者が見つからないことには仕方がない。あとは私の決断次第だな。

（その応答）果樹農家は苦労している人が多いです。私の近所の○○果樹園も、今年の春に園主が亡くなり、後継者はリンゴ、洋梨、和梨、そのＦ１の樹等を全てとは言いませんが切り倒し始めました。後継者は銀行マンで家に戻る予定はいまのところないようです。また、近隣の兄弟農園の方も昨年園主が亡くなると同時に、わずかのリンゴ樹を残し切り倒しました。

果樹農家ばかりではなく水稲農家も同様で、家に残っていた耕作者が亡くなると、更地にするところが出ています。あるいは、無人となった廃屋の手入れを地区で引き受けているものの、地区そのものの高齢化と増加する無人の家の増加により、景観が大きく変化しそうな気配です。

大規模になった法人は手を広げてはいますが、若い人たちは町からの通勤の仕事で、なまはげも、神楽等もその承継に苦労し、世界遺産と言われながらも厳しい現実にさらされています。団塊の世代は給油の油にはなれますが、油がなくなった後はどうなるのでしょうか。油切れの悲しい音が聞こえてきそうです。（ある農場主同士の会話より）

## 高齢化が進む現実をみよ

この会話は決して過疎地の農家の話ではない。条件的には恵まれた都市部周辺の話だ。残念ながら、現実をよく表している会話と言わざるを得ない。いま日本農業は地域を問わず後継者難に苦しんでいる。その背景に深刻な高齢化の問題がある。日本は世界でも第五位の農業大国と言われるが、しかし実際には農業就業者が人口に占める割合はたったの二・五%である。数字の上では約三二〇万人の農業就業者がいることになっているが、中身が問題で、六十五歳以上が七割近くを占め、農家の平均年齢はなんと七十歳に近い。これらは団塊の世代が主流であり、あと十年もすると農業の第一線からみな退こう。

三十五歳未満の働き盛りはたったの五%。先の二人の会話からしても、この統計数字の意味するものが頷《うなず》ける。

昔は日本の就業人口で一番多いのは農業だった。しかしいま、最も大きい問題は農業就業人口が極端に減っていることだ。一九七五年に約七九〇万人いた農業就業者は現在一七五万人にまで減っており、かつ高齢化が進み若い後継者がいないことが最も大きな問題だ。

農業用地も同じことで、ピーク時に約六一〇万ヘクタールだった農地は現在約四五〇万ヘクタールまで減り(二〇一六年)、耕作放棄地が増加しているのが現実である。

食用米の需要も大幅に減っていて、いま日本人が必要とするコメの供給は日本の水田の約六割で賄える状況になっており、米は供給量オーバーにある。こうした需給構造のアンバランスは他の産業には見当たらない。

**なぜ後継者はいないのか、増やせないのか**

なぜ農業後継者が増えないのか。他の職業との関わりや労働内容などが複雑に絡むが、その理由として、第一点は職業としての農業の労働生産性の低さと労働のきつさが挙げられよう。もう一つは農業への新規参入を阻む壁が高いことだ。

他の商売や企業と違い、日本の農家は明らかに世襲制に近い。しかも土地にしばられる。他に移動できない。農地法改正を行うなど規制緩和の動きもあるが、実際の新規参入はむずかしい。耕作放棄地（約四四万ヘクタール）は山梨県の面積に相当するぐらい大きいが、実際農地を手に入れようとしても、購入する手続きは意外にむずかしい。借地契約ならよいが、売買契約となると「先祖伝来の土地は手放せない」と嫌う現実がある。地元の農業委員会も売買に関し渋るケースも少なくない。

農地を取得するだけでも一〇〇〇万円はかかる。それだけでなく、農業用の機械を購入するにも相当の初期費用が必要だ。初期費用が嵩んでもそれなりに収入があれば別だが、コメ農家だと初年度の売上は平均でたったの二三〇万円ぐらい。一般サラリーマンの新規大卒の年収より少ない。サラリーマンのように雇われ人とは違い、農業は自分で資本装備をするから、黒字を出すには相当の力量がいる。

赤字が増えるばかりだと後継者は育たず、農業の高齢化が進む一方になる。いま政府で議論しているように外国人を安い労働力として受け入れるという発想も長続きはしない。

あくまでも臨時の補助労働に近いのではないか。

農業は保護産業の性格を否めない。もっと若い人が継いで、新規参入が生まれるよう、抜本改革を必要とする。農業にODAのような資本投下の発想はできないだろうか。

## 戦後農政はどう変わったか

個別の農家の実態はいまみた通りだが、国家として日本農業をどう扱ってきたかをみておきたい。言うまでもないが、食料の安定的な供給や食品の安心・安全の確保はその国の基本的な公共政策である。ただ現実は、食料自給率の引き上げと叫んでも、食料自給率が四〇%を割り込む状況にある。

これまで日本の農政は過剰な補助金と行政指導、猫の目農政、過保護農政などいろいろ批判されてきた。確かに農水省は国交省、厚労省に並んで補助金三大官庁の一つだ。戦後この構造は大きくは変わっていない。カネのかかる農業だが問題が解決しない。

日本では、戦後復興の終わった昭和三十年代、農業政策の大きな転換が行われた。昭和三十六年に始まる戦後農政の機軸、「基本法農政」がそれだ。農家に対する都市サラリーマンと均衡ある所得を確保する目標を定めて始まった。

そのために、一つは構造改善事業として水田を中心に区画整理を進めた、もう一つは労働生産性を高めるために機械化を促進した。その実現のために補助金政策と農業指導（行政指導）が積極的に行われてきたのは事実だ。

しかし結果はどうか。半世紀余を経った現在の農業はどうなったか。都市サラリーマンと均衡ある所得を得られる農家はどの程度生まれ、国家として保障すべき食料自給率はどの程度になり、そして後継者はどの程度まで育ったか。

もう言うまでもなかろう。最初に述べたような実態が横たわったままだ。

もともと日本の農業政策は、コメ不足、それを補うための水田開発、そして米や野菜の過剰生産などの発生をコントロールする政策から始まった。戦後農政の大きな流れは次のように整理できよう。

第一は、戦後の農地解放政策だ。寄生地主制による地主の土地所有と小作人労働関係を改革し、自ら耕作する者の土地所有を認める「自作農体制」の確立をめざした。

一九五二年制定の農地法は、自ら耕作する者が農地の法的権利を取得できるとした。「農地耕作者主義」とも言えるこの法律は、農地を社会的な土地利用規制のもとに置き、市町村に農業委員会を設置し、農地の宅地への転用などを規制し、自作しない農地を大量に買い込もうとする動きをけん制した。戦前の地主制復活を阻止する意図からだ。

また主食である米穀については、一九四二年の戦時体制下で食糧管理法を定め、主食である米の自給と配給などで公平分配を担保しようとした。

こうした農地と米の国家統制は戦後農政の出発点と言える。それを支えたのが農地法、食糧管理法のほか、農協法、土地改良法、農業改良助長法、農業共済制度である。

第二は、農業基本法の制定だ。一九五〇年代後半になると、経済の高度成長に伴う工業の生産力増強で農業と工業の所得格差が広がり、農村で次三男を吸収できない問題が生まれ、農村に大きな不満が生じてくる。そこで生まれたのが一九六一年の農業基本法で都市サラリーマンと農家の均衡ある所得を生み出す規模拡大をめざした。

わが国では経済成長に伴い、労働力として農村から溢れた次三男は都市部に吸引されていくが、残された長男を中心とする農家の後継ぎの生活が問題になった。都市化に伴い、農地の宅地転用も進み、地価が高騰し、農地の規模拡大もままならぬ状況に陥っていく。

そこで農産物に対する価格政策、とりわけ米価について「生産費・所得補償方式」を取り入れ農家の所得を保障しようとする。この政策は一時的にはよかったが、やがて生産性の高い工業に多くの資源（労働力、水、土地など）が引き寄せられていく。米穀だけを対象にした基本法農政も、畜産、果実、野菜等の需要拡大に対応できるよう生産の振興を図る「選択的拡大」政策へと翼を広げていくが、一方で貿易の自由化、農産物の自由化でミカンや牛乳の国内過剰現象を生み、海外からの輸入圧力に押されていく。

第三は、一九七〇年代に打ち出された総合農政だ。総合農政と農協管理で自主流通米を認め、休耕、転作奨励など米の生産調整政策の導入、米価の抑制政策など、従来のコメ偏重からの脱却、基本法農政の見直しを図った。しかし、貿易黒字対策として農産物の輸入拡大を図る方向に転じた政策であり、必ずしも農家の状況が好転した訳ではない。

第四は、米価の抑制策だ。一九七〇年代になると高度成長は終焉し、世界的な食料危機が顕在化し、日本は七〇年代後半も米価の抑制を図り続けた。ばらまき型農政から地域主義手法の導入へと舵を切る。いわゆる農政の危機管理とも言える動きで、価格政策から補助金政策へと転換し、地域と農家を選別する動きも強めていった。

そして第五は、所得保障政策の導入だ。一九八〇年代以降になるとグローバル化が進み、先進国の農業攻勢への対応を迫られ、農産物所得支持政策から、市場メカニズムに委ねる規制緩和政策への転換を余儀なくされた。さらに農業環境政策へのシフトも図られる。

日本の農政は、こうした世紀の変転を経て、九三年の細川政権でコメ鎖国からコメの部分開放へと追い込まれる。いわゆるミニマム・アクセス米（MA米）の輸入開始だ。

そして第六は、一九九九年の食料・農業・農村基本法の制定だ。食料安全保障と農業の多面的な機能の発揮を謳う。WTOの農業交渉において、各国の農業共存が主張され、政策の軸足は消費者へと移っていく流れとなる。

## 食料自給率が下がり続ける危機

食料が十分かどうかはその国の存立に関わる問題だが、日本の現状はどうか。内閣府の調査によると、国民の七五％は日本の食料自給率（現在三八％）が低いとみている。しかも八五％以上の者が、日本の将来の食料供給に不安を抱いている。生産規模の縮小、農地面積の減少、高齢化、後継者不足、中国等など海外攻勢に不安を募らせる。

食料自給率を国際比較すると、オーストラリアは二〇〇％を超え、米国一三〇％、フランス一二七％、ドイツ八四％、オランダ七一％、英国五一％、スイス五一％、韓国三九％だが、日本はそれより低い三八％となっている。

四十年前は日本も七三％（一九六五年）と先進国に劣らない状況だったが、その後急落し、「普通の国」の姿とはとても言えなくなった。農業就業者も一九六〇年に一四五四万人と多かったが、六十年経って現在一九二万人（二〇一六年）と一三％に減少している。

国民の消費性向も大きく変わり、日本人はコメを食べなくなっている。一九六二年に一人当たり年間一一八キログラムのコメを食べたが、現在は五四キログラムと半分以下になっている。外食が増え、女性の社会進出とも絡み、コンビニやスーパーの普及や営業時間の拡大、ファミリーレストランの普及などで「食の外部化」が急速に進んでいることが背景にある。

この先、ＴＰＰへの参加が決まっているが、関税全廃を原則とするＴＰＰに日本が参加した場合、国内の農業生産額が四兆一〇〇〇億円減るとの試算がある。この減少額は現在の農業総産出額の半分に当たるとされ、日本農業は壊滅的な打撃を受けることになる。ある説に現在の食料自給率四〇％が今後一四％まで落ち込むという試算まである。これは国家的な重大な危機だ。

## 農地政策はこれでよいのか

日本の土地は狭く、値段が高い。かつて農業基本法で構造改善事業としてモデルにした国はアメリカであったと思うが、しかし、トラクターが縦横無尽に走り回る一ヘクタール規模の田畑をつくるのは幻想に過ぎなかった。しかも土地改良し規模を拡大した良好な土地ほど、都市化の波に揉まれ、高速道路や新幹線、工場用地、住宅地へと売り払われていった。

私の表現では「戦後農政は農家のためではなく、都市生活者のための住宅地提供の公共政策ではなかった」となる。もちろん、政府がそれを意図した訳ではなかろうが、結果として高度成長に伴う高地価化に押され、農地を住宅商品として扱う風土が生まれた。戦後の農地解放直後六〇〇万ヘクタールあった日本の農地は、現在四五〇万ヘクタール（二〇一五年）まで減った。

これに農家の高齢化が拍車をかけ、「働き手がいない」ことを理由に道路用地として役所から声がかかると喜んで土地を手放す空気が生まれている。公共用地として農地を手放す場合、市町村の農業委員会の許可は要らないという法律もこれに拍車をかけている。日本の農地は減るべくして減り続けているのだ。

しからば、今後どうするか。二〇〇九年に農地法が改正され、新しい農地制度が始まった。「所有から利用へ」という考え方だ。農家以外でも、法人が農地を借りる幅が広がった。買うことはできないが民間企業等は借りることで農業参入が容易となった。山梨県に相当する約四四万ヘクタールの耕作放棄地についても、農業委員会が年一度調査し、遊休農地の所有者に対し指導、勧告を行えるようにした。農地を相続したら届け出が必要にもなった。とはいえ、こうした措置で個人経営の農家が増える訳ではない。

もう一つの問題は、農業に対する労働政策、雇用政策としての視点が欠けている点だ。機械化されたとはいえ、肉体労働への就職率は低い。今後、高い賃金を保障する仕組みはないだろうか。農業者派遣制度でもつくって若年労働力をプールしておき、必要な所に派遣する方法はないだろうか。少子化対策で行われているように、農家の跡取りになったら相当額の祝い金が出る制度はつくれないか。いずれにせよ日本農業は危機状況にある。

## 将来への明るいきざし

もとより、このような状況の中、耕作放棄地を減少させ、若い農業従事者を確保して日本の農業の将来を明るくする一筋の光もある。その一つが企業の農業参入が増えていることだ。二〇〇九年に農地法が改正され、貸借であれば企業やＮＰＯ法人などの一般法人でも、全国どこでも農業への参入が可能になった。

また、企業が農業生産法人へ出資する場合、上限が一〇％に制限されていたがそれも二五％に引き上げられ、企業が農業に参入する規制が緩和された。これにより、新たに農業へ参入する法人が二〇〇五年に約八〇〇〇だったものが、二〇一三年には約一万三〇〇〇法人にまで増えている。今後さらに規制緩和が進みそうだ。もとより、全てが順調ではなく、廃業する法人も年間一〇〇件を超えている点は注意を要する。

これで農業に大きな資本参入の道が開かれ、資本の有効利用や農地の集約を通じ、効率的な農業経営が可能になってこよう。さらに農地を必要としないハイテクな植物工場などもつくられている。その点、農業は新たな転換期を迎えているとも言えよう。

また農機具の技術開発も著しい。二〇一七年の国内農業の従事者は一八二万人と十年前（二〇〇七年は約三一〇万人）に比べて四割も減り、高齢化している。農業の担い手不足や高齢化の打開策として次世代農業の姿を「スマート農業」とし、トラクターの自動運転の実用化や自動走行による田植え機の開発が進み始めた。まだこの種の農機具の価格はアメリカに比べ二〜三割高だが、農機具販売で世界第三位を占めるクボタなどが技術開発を先導し、普及率を高めることでコストダウンをねらう。いずれ付加価値の高い次世代農業への新たな挑戦が続く。

もとより、多くが個人経営中心の農家が依然日本農業の担い手である点は変わりない。資金援助を含め、ここに思い切った資本投下への手を打たないと農村自体が消えてしまう。どんな先進国でも農業を大事にし、農村を大切にしない国はない。そこを国民は見落としてはならない。

## 「米」偏重政策はもうやめるべきだ

一九六〇年代後半から七〇年代にかけて日本では、それまでのコメ増産政策から減反政策に大きく舵が切られた。コメ余り現象への対応からだ。この理由や背景については省略するが、少なくとも五十年前から国は過剰にコメが生産されるとして減反政策を行い、現在に至っている。

結果、いつの間にか四割近い水田が減り、休耕ないし転作に追い込まれている。その面積は約四四万ヘクタールに及ぶという。この間、国はコメをつくらない農家に対し、休耕補償金ないし転作奨励金の名目でカネを払い続けてきた。一種の所得補償の趣旨からだろうが、自ら増産政策を仕掛け構造改善事業に大きなカネを補助金として投じておきながら、今度はその読みが誤ったとして、コメをつくらないことに多額のカネを払い続ける。

これに関した政治責任、行政責任の話はほとんど聞かない。

一方で国は、コメが余っている、つくるなと言いながら、現在毎年七五万トンものコメを海外から輸入している。ミニマム・アクセス米と呼ばれるものだ。一九九三年の細川内閣当時のウルグアイ・ラウンド協定（貿易自由化）の一環として買い入れを約束したもの。しかし、なぜ国内のコメ余りにカネを出しながら、一方でコメを毎年輸入するのか。しかも、それは利用されず倉庫に大量に眠っているとされ、古米、古古米化しているのが実情である。

このように矛盾した政策の結果、農村はすっかり荒れ果ててしまった。農村の集落が次々に崩壊し、イノシシ、鹿、サルなどが平気で民家近くに顔を出すようになり、既に限界集落だけで二六〇〇カ所を超えた。

私の表現では、農村を踏み台に工業化を梃子《てこ》に高度成長を図った日本のなり果ての姿がこうだということになる。もとより農家が無気力でそうなった訳でも、自治体が無責任でそうした結果を生んだ訳でもない。現場を知らない中央省庁による中央集権的な農業政策の結果が、農村現場にこうした事実を生み出したと言っても過言ではなかろう。しかし、誰も責任を取らない。

結果、先述したように一九六五年代以降、日本の食料自給率は下がりっぱなしである。付加価値の低い農業が衰退する危機に陥ったことは、イギリス、イタリア、ドイツにも例がある。一九七〇年当時、イギリスの食料自給率は四五％、ドイツでも七〇％程度だった。

しかしこれらの国は、その後、食料安全保障の観点から農村の振興に力を注ぐようになる。カネがあっても食糧が手に入らない事態を想定しての政策措置だ。

採られた政策は、小麦、ジャガイモなどに最低価格を決め、それより市場価格が下がった場合は、政府が買い支える「支持価格制度」を導入した。結果、これに農家は反応し、農業に精を出すようになる。イギリス、ドイツの食料自給率は二〇％以上も上昇し、フランスはいまや自給率一二七％の国となっている。

日本でも十年前、民主党政権に代わってから、所得補償と価格変動の補てん交付金制度を導入し、大中小の規模に関わりなく農家の所得補償が行われた。だが、自民党政権に戻ってこうした措置は事実上なくなっている。「規模拡大で強い農業を」と農水省は叫ぶが、アメリカ農業をイメージして進めた基本法農政の失敗から目が覚めていない。

現実の農業を知らない中央官僚が農政を担う、現場に適応できないような法律や制度ができる、こうした悪弊を断ち切らなければならない。諸外国の例からして、農家への所得補償政策がその国の食料自給率を高止まりに支えているのは事実だ。単なる競争原理だけで農政を見てはならない。食料安保の視点からも自給率向上は不可欠であり、それにカネがかかることは覚悟すべきだ。

もう一度、農家への所得補償を復活すべきではないか。日本の農政は「猫の目農政」で腰が定まらないが、それが続くと人口縮小期に入った日本は農家ゼロの悪夢もあり得る。そうなってはならない。ここはしっかり腰の定まった構造改革派を中心に政治を変えるしかない。農業立国という視点を持つことも大事である。

# あとがき

まもなく「平成」が終わる。私は平成元年から三十年まで大学教授の職にあった。この間、多くの学生と一緒に学び、請われるまま各地に赴き、人づくりや議員研修、地域再編、まちづくりなど様々な問題に関わり、テレビや新聞でも意見を述べてきた。

その間、三〇冊ほどの本を書く機会にも恵まれた。拙《つたな》い内容にもかかわらず、多くの方々が読んで下さり、独断・自説にも賛意を頂き、多くのファンを得たことは幸せだった。

ただ、ワンテーマであれ教科書であれ、本を書く際は編集者や出版社の要望なども聞きながら書く――これは当たり前のことだが、ひとつ物足りなさを禁じえなかった。どうしても通説的なことにもふれ、ホンネの部分を抑制的に書かざるを得なかったことだ。

そこで大学の職責を終えたのを機に、ホンネで持論を展開する本を書いてみようと思った。それが本書の出発点で、行政学を専攻しながら語れなかった「旧態依然」とした四七都道府県体制について、〝廃県置州の改革〟こそが必要ではないか、と書いた。

この問題意識は二十五歳から十六年ほど勤めた東京都庁の職員の頃からあった。労働、総務、企画審議、都市計画の四部局で仕事をしたが、現在の都道府県庁は仕事の中身、守備範囲に対し、集められた職員は「過剰能力集団」ではないかと思えた。〝腕の振るいどころ〟が狭く浅い。

馬、船、徒歩の時代からの四七の区割りも「広域自治体」とは名ばかりであり、内実は「狭域自治体」ではないか。

政令市、中核市など府県行政を飲み込んでいく都市自治体の拡大は、仲卸し・中二階自治体たる県の存在自体を怪しくする。

これを広域自治体が名実とも実力の発揮できるよう、分権化、広域化で変えられないかという問題意識をずっと持ち続けてきた。

明治期の人口増時代の「廃藩置県」に対し、これからの人口減時代は「廃県置州」の大改革が不可欠だというのが主張だ。目先の景気対策ばかり議論し、中長期の視点で国家の制度設計をしない政治はどこかおかしい。

こういう私もこれまで多くの方々のお世話になり、いろいろ勉強させて頂き今日がある。いちいちお名前を挙げるのは控えるが、親しい友人らには適切なアドバイスも頂いてきた。

今回の出版については、ＰＨＰエディターズ・グループの名エディターたる大久保龍也氏に大変お世話になった。これらの方々に対し、この場を借りてお礼を申し上げたい。

佐々木信夫

二〇一九年一月

装幀——神長文夫＋松岡昌代

〈著者略歴〉

**佐々木信夫**（ささき・のぶお）

中央大学名誉教授（法学博士）

1948年岩手県生まれ。早稲田大学大学院政治学研究科修了、慶應義塾大学大学院にて法学博士取得。東京都庁に16年間勤務し、大学教授に転身。89年聖学院大学教授、94年～2018年中央大学教授・同大学院教授として教鞭を執る。

この間、米カリフォルニア大学客員研究員、慶應義塾大学、明治大学、日本大学、埼玉大学、玉川大学、東北福祉大学の各講師、聖学院大学客員教授を兼任。政府の地方制度調査会委員（第31次）、日本学術会議会員（第22・23期）、大阪府・大阪市特別顧問など歴任。

18年４月から中央大学名誉教授、(社)日本国づくり研究所理事長、現在に至る。

専門は行政学、地方自治論。著書に『地方議員の逆襲』『新たな「日本のかたち」』『道州制』『地方は変われるか』『自治体をどう変えるか』『老いる東京』『都庁』『都知事』『日本行政学』など多数。行動する政治学者としてテレビ出演、新聞コメント、地方講演なども多い。

**元気な日本を創る構造改革**

2019年２月14日　第１版第１刷発行

著　者　佐々木信夫
発　行　株式会社ＰＨＰエディターズ・グループ
〒135-0061　東京都江東区豊洲5-6-52
☎03-6204-2931
http://www.peg.co.jp/
印　刷
製　本　シナノ印刷株式会社


ISBN978-4-909417-19-0